日本精神

日台を結ぶ目に見えない絆

戎　義俊

海鳥社

中華民國総統府（旧台湾総督府）

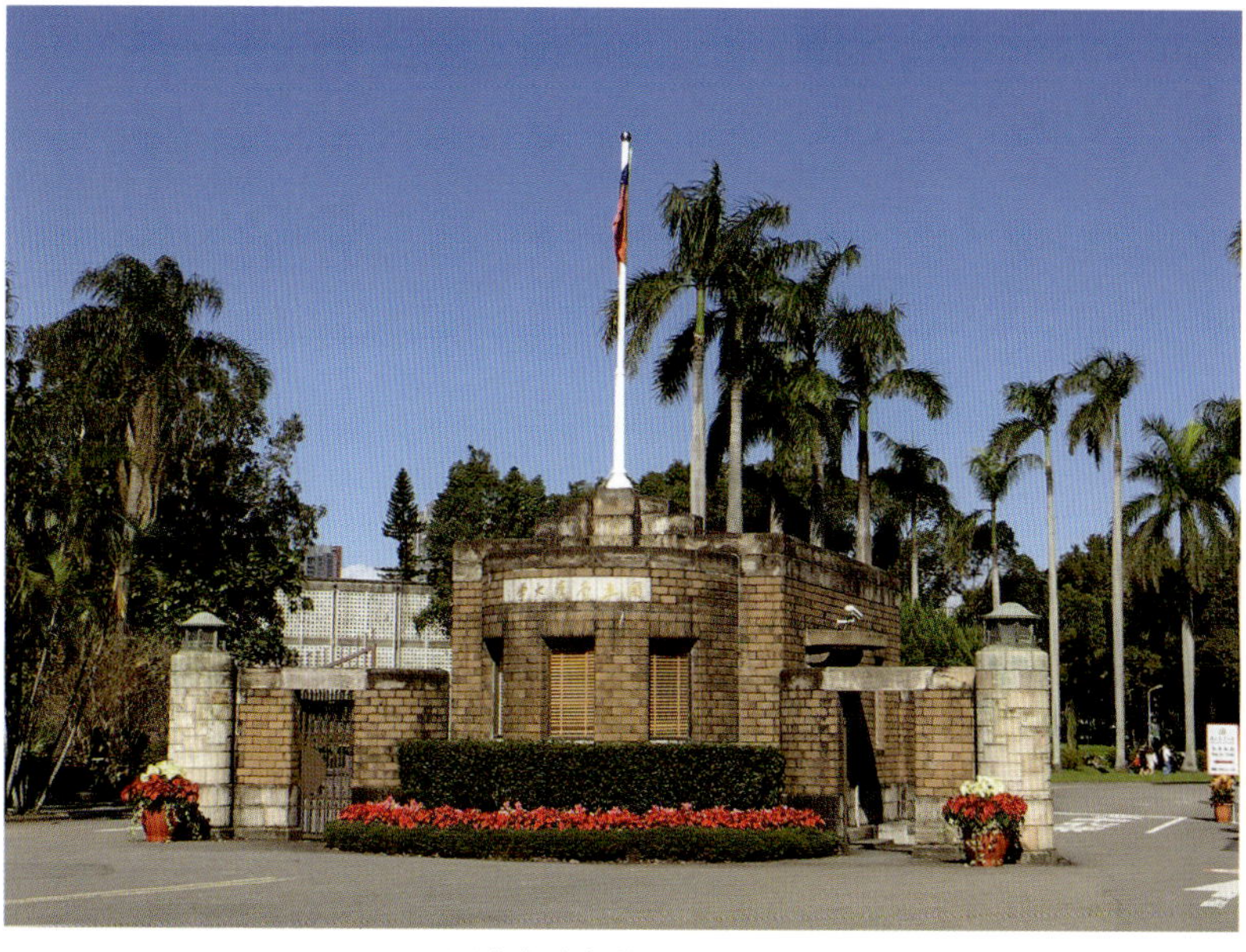

国立台湾大学正門

八田與一の銅像（後は與一と
妻外代樹の墓）

八田與一が建設した烏山頭ダム。
1930年の完成当時に東洋一の規
模を誇った

二峰圳に立つ鳥居信平の業績説明

「大甲の聖人」志賀哲太郎顕彰碑

台湾大学構内にある農業試験場には
末永仁と磯永吉の胸像がある

台北市の芝山公園の中にひっそりと
佇む六氏先生の墓

日本人戦没者杉浦茂峰を祀る飛虎将軍廟。
零戦の搭乗員だった杉浦は米軍との戦闘で
被弾。村への墜落を避けるために逃げ遅れ、
墜落死した。地元では村を守った守り神と
して祀られている

安定した水量の二峰圳

北東アジア最高峰の玉山（3952m）。台湾本島の中央に位置し、かつては富士山よりも高い「新しい日本の最高峰」の意味で「新高山」と呼ばれていた。

（写真提供＝曾瑞芳氏、美好寶島社、台湾政府観光局資料より）

台北市にある超高層ビル台北101。高さ509.2m。91階の展望フロアから台北市内を一望できる

戎義俊総領事と「日本精神」

西日本シティ銀行　取締役会長
久保田勇夫

この度、福岡・台湾領事館の戎総領事が退官されるにあたり、台湾と深い関係を持つ九州に約5年間勤務され、その間に考え、行動したことを中心にまとめられた書籍を出版されるとうかがいました。総領事は日頃から我々が台湾をよりよく理解し、日本を再発見することの手助けをしたいと話されています。その御本人が全力で取り組まれた自らの外交官活動の総決算を試みる大事な書籍への寄稿を御依頼いただき、大変光栄に存じております。

私は、御在任中、講演会やパーティーなどへ声をかけていただいた際には、できるだけ参加することにしていました。それは何よりも総領事のお人柄に惹かれるところが大きかったのですが、総領事が外交官として幅広い世界観をお持ちだったからでもあると思います。実は私は大蔵省で30年以上働きましたが、その後半は主として国際金融政策に関わりました。当時は、日本の金融力がピークの時代であり、『ジャパン・アズ・ナンバーワン』という本がよく読まれていました。わが国の力の拡大を警戒するほかの先進国との交渉は厳しいものがありました。私が国際金融局の次長だった1995年の「日米金融協議」において、日本側の交渉責任者として、後に米国の財務長官となったガイトナー氏と相対峙しました。「村山総理の訪米前に結着すべし」という厳しい条件の下で、何とかわが国の国益を損なわない範囲でその決着をつけることができたと思っています。これらの交渉を通じて、わが国の国民自身が、アジアの一国としての日本の苦難の歴史をよく知らないという思いを強く抱くようになりました。

例えば、18世紀から19世紀にかけて地球上のほとんどは欧米の植民地か潜在的領土となりましたが、わが国はこれを免れた数少ない国であること。議会を創設し、立憲政治を確立した最初の非欧米国の1つであること。現在にいたるまで欧米の国と戦争をして勝利をした唯一の国であること（日露戦争）。第二次大戦の廃虚から立ち上がり、非欧米諸国としては唯一の経済先進国（主要5カ国）のメンバーとなったこと。その間、アジア諸国を中心に積極的な援助を行ったこと（例えばわが国は、かつて10年間にわたり他国に対するＯＤＡの世界第1位の供与国でありました）などについてです。我々はこれらのことを他国に吹聴したり、わが国民に積極的に教えたりすることをしなかったように思います。そして、このことは、わが国の国際交渉を助けるものではありませんでした。具体的にお話をしたことはありませんでしたが、戎総領事はそういうわが国に関する事実をも含めて、広く世界の歴史や現況を正確に把握しておられるように思いました。

お付き合いをしていくうちに、総領事がわが国が忘れつつある、見方によっては故意に忘れようとしている、わが国の伝統的文化の良き理解者であり、その価値をわが国民に思い出させようと努めておられると感じるようになりました。残念ながら我々は、総領事が示唆されているように、「誠実」、「勇気」、「責任感」などのわが国の伝統的文化の承継に成功しつつあるとは言えないように思います。日本に対して自国同様に愛着を持ってくださり、貴重な文化である「日本精神《ジップンチエンシン》」をわが国民に説き続けてくださったことは格別にありがたいことでした。

台湾に戻られても、今度は別の立場から、将来の両国の繁栄のために一層努力してくださることを確信し、益々の御活躍を祈念する次第です。

最後に戎総領事の御貢献で実現した２０１４年の九州国立博物館の特別展「台北國立故宮博物院――神品至宝」について一言つけ加えさせていただきます。実は、私はこの展覧会に２回足を運びました。２回目は、展示品中に含まれているはずの、見落としたと思った作品を観賞するためでした。それは宋代の詩人、蘇軾《そしょく》のつくった「赤壁賦《せきへきのふ》」を元代の趙孟頫《ちょうもうふ》が書いた「行書赤壁賦」のことであります（私は高校時代に習ったいわゆる「前赤壁賦」の、特に「月明《つきあき》らかに星稀《ほしまれ》に烏鵲《うじゃく》南《みなみ》に飛《と》ぶ」以下が大好きです）。ところが残念なことに、この品は東京の国立博物館までは来ていましたが、九州国立博物館には来ていませんでした。将来、この実物を、是非台北の故宮博物館で観賞したいと思っております。

（注）本来、正式名称である「台北駐福岡経済文化辦事處」などと記述すべきところですが、ここでは通称として使われていた「福岡・台湾領事館」などの名称を使わせていただきました。

凄まじい行動力と情熱

福岡工業大学　最高顧問
前福岡県知事
麻生　渡

本書は、戎在福岡台湾総領事の在任5年間の活躍を記した素晴らしい情熱の書である。
5年間に訪日した台湾人は３００万人から４５６万人に激増した。九州から台湾への修学旅行生は１２００人から７０００人へと飛躍した。
この成果は鹿児島１４０回、熊本１５０回、宮崎１２０回、大分90回、佐賀80回、長崎80回、山口70回訪問し、公用車の走行距離は13万キロを超えた総領事の凄まじい活動によって生まれたものである。
総領事は台湾では綿々と生きている「日本《ジップン》精神《チエンシン》」が日本では失われているのではないかと警鐘を鳴らしている。日本への敬意、愛情から生まれた心からの忠言に私達は深く自省しなければならないと思う。

戎総領事の日本語は誠に格調高く美しい。

日台友好のためこんな見事な足跡を残してくれた総領事に心からお礼を申し上げたい。

世界一の親日国台湾と日本の友好発展のため私達は一層努力しなければならないと改めて思う次第である。

日本国のあり様を考えさせる台湾

日本会議福岡　会長
松尾新吾

私は、多種多様な会合につとめて出席するように心がけている。例えば、文化や国際情勢を主題とした講演会、叙勲受章や創立記念などの祝賀行事などであるが、どの会合に行っても、戎総領事にお会いしないことはほとんどない。総領事の仕事としては、ほんの一部だと思うが、非常に積極的な姿勢に触れることが多い。

この約5年の間に、質、量ともに極めて大きな仕事をなされたと思う。とりわけ、台湾の「日本精神」については、講演を直に聞いたこともあるし、ことあるごとに台湾が受けた日本からの恩義を忘れないという。私に言わせれば、言わば「台湾精神」を常々感じることが多かった。

この度、ご定年ということで日本から離れられるのはやむを得ないとしても、日本に対する愛着の気持ちなど、稿にまとめることになったと聞き、感銘を受けるとともに大変嬉しく思っている。戎處長の言う「ジップンチェンシン」は、私の感じるところによると、日本そのものよりも台湾の方に色濃く残っているように思われる。この「日本精神」を改めて日本国民に想起させ、日本国のあり様を考えさせる機会になると期待している。台湾人からみた日本人の醇風美俗《じゅんぷうびぞく》、天職と思われるものに対する献身的な努力、これらが異国（台湾）の地で、現地の人々に深く感銘を与えたことを、我々日本人はその偉業とともに想起し、戦後の乱れた風潮をいくばくかでも正道に戻す指針として肝に銘ずべきと思う。このような名著を残していただき、戎総領事に深甚なる敬意と謝意を表したい。

「台北 國立故宮博物院展」の九州開催に感謝

福岡県議会議員
福岡県台湾友好議員連盟 前会長
全国日台友好議員協議会 会長代行

加地邦雄

『日本精神 ── 日台を結ぶ目に見えない絆』の出版おめでとうございます。
平成25年4月、台北駐福岡領事館に着任されて以来、戎総領事とは今日まで親しくお付き合いをさせていただきました。
「1人でも多くの日本の人々に台湾を理解し、併せて日本の素晴らしさを再発見してほしい」をモットーとし、このことを九州、山口各県の各地を訪れてアピールされてきました。その回数は実に６００回を超え、距離にすれば13万キロにも達するとか。驚くべき多くの実績を残されてきました。
さらに私どもにとってとりわけ印象深いことは、福岡県台湾友好議員連盟、福岡県、九州国立博物館で行ってまいりました「台北國立故宮博物院展」の開催実現に向けた誘致活動に対して、特段の強力なご支援をいただいたことであります。ここに改めまして心から感謝申し上げます。

戎総領事は、平素「50年間の日本統治は台湾に『日本精神』と『武士道』を残し、今も台湾の人達に伝承されている」と語ってこられましたが、今回の出版の意図もここにあるようで、我々日本人にとっては紹介いただき、本当に誇らしいことでもあります。

どうか1人でも多くの日本人に、この本を一読していただき、日本と台湾との絆がどこにあるのか、なぜ台湾は世界一の親日国なのかを理解し、日本の素晴らしさを再確認する機会になればと期待しています。

結びに、台湾と日本との友好交流、関係強化に情熱を燃やされた5年間に心より敬意を表し、一生の友として今後もお付き合いくださいますようお願いし、お祝いといたします。

九州と台湾の関係発展への尽力に感謝

福岡県議会議員　松本國寛

私が戎義俊先生に初めてお目にかかったのは、平成25年の春、台北駐福岡経済文化辦事處長としての着任の御挨拶で、当時、福岡県議会議長を務めておりました私の部屋においでいただいた時です。その時、先生がおっしゃった「縁は異なもの味なもの」の諺からまさしく御縁が始まり、その後、交流を重ねるにつれ、「だじゃれパーティーを開きましょう！」とお誘いをいただくなど、本当に楽しく親しい交流をさせていただきました。これも、先生の温かく気さくなお人柄と、日本への深い理解と愛情、日本人の心に触れる日本通・専門家としての高い見識によるものと感謝申し上げるとともに、心から敬意を表します。

本書『日本精神――日台を結ぶ目に見えない絆』は、戎先生が福岡に着任されてからの5

年間、九州・山口と台湾との関係発展に奔走される傍ら、今日までの御活動の歴史をまとめ、記録として残されたものです。このような記録を私たちも共有することは大変有意義であり、1人でも多くの日台の人々に本書を読んでいただきたいと思います。

私が所属する福岡県議会では、平成23年1月に福岡県台湾友好議員連盟を設置し、経済、文化、教育、観光など幅広い分野において、福岡県と台湾との交流を推進するとともに、相互理解と友好を深めております。これまで、台北駐福岡経済文化辦事處との意見交換や講演会の開催、台湾政府関係者との懇談、学生交流などさまざまな取り組みを行ってまいりました。また、同議員連盟の有志を中心として設立した「福岡県台湾友好桜絆会」では、本県と台湾との絆の証として、平成24年に1００本、その翌年にも1００本の桜を台北市の青年公園に植樹しています。

私自身も、県議会議員として、また、平成26年6月からの1年間は、福岡県台湾友好議員連盟会長として、台湾との交流に力を注いで参りました。同年秋には、戎先生に多大な御尽力をいただき、九州国立博物館において、特別展「台北國立故宮博物院――神品至宝」の開催も実現することができました。特別展には門外不出の神品である「肉形石」も展示され、来場者は約26万人に達しました。アジア初の故宮博物院に関する展示が、東京国立博物館以外では、九州国立博物館でのみ開催されたことは、福岡県、九州と台湾との深い絆の表れであり、私にとっても大変感慨深く、嬉しい思い出であります。

戎先生は、青少年の交流においても「台湾修学旅行セミナー」を開催するなど積極的に活動されました。その結果、福岡から台湾への修学旅行生は増加し、平成29年は福岡県内の県立高校7校1300名を超える高校生が修学旅行で台湾を訪れました。両地域の次世代を担う若者の交流は、今後の両地域の友好関係を継続していく上で、大変意義深いものだと考えております。

台湾から福岡県への観光客も、戎先生が着任される前年の約10万7000人から、平成28年には約26万人と2倍以上に増加しており、両地域の交流はますます深まっております。

戎先生は、平成30年の夏に、定年をお迎えになるとうかがいました。福岡に着任されて以来これまで福岡県、九州・山口と台湾との関係発展に走り続けてこられました。そのエネルギー、バイタリティに改めて敬意を表します。

最後に、戎先生におかれましては、これからも福岡県と台湾との架け橋となっていただくことを、そして、今後ますますの御活躍と御健勝、御多幸を心よりお祈り申し上げまして、出版に寄せてのお祝いの言葉とさせていただきます。

これまで5年間、本当にありがとうございました。

日本人こそ読むべき本

学校法人福岡工業大学　理事長
鵜木洋二

昂然と日本を称賛し、台湾は世界一の親日国と公言される戎総領事の、日本を愛する心は日本人以上。これほどまでに日本の歴史文化に精通し、脈々と受け継がれた台日の交流の歴史を詳細に心より伝えられる方をほかには存じ上げません。総領事として就任以来の5年間、台湾と日本との交流発展に邁進された偉大な功績は図り知れません。

御言葉のみならず、日本文化や「日本精神」を問い続け、日本人が忘れつつある「日本精神」が真に宿る御心に、お逢いする方は皆、大和魂を揺さぶられた経験があるでしょう。

抜群の先見の目を持ち日台の恒常的な交流・発展の礎を築いたご尽力にはただただ敬服致します。

定年退職を機に集大成となる書籍の発行、誠におめでとうございます。

私は『日本精神――日台を結ぶ目に見えない絆』を、日本人こそ読むべき書と、ここに推薦致します。

「日本精神」は台湾人の倫理や哲学の方向性を示すもの

学校法人福岡工業大学　学長
下村輝夫

ＮＨＫのＢＳで、非漢字言語圏の方々を主たるゲストとして迎え、日本文化の魅力と秘密を探る「cool japan」という番組が放送されています。番組の中で、小学生が交通信号機のない場所での横断歩道を渡り切ると、振り返って一斉に帽子を取ってドライバに深々と一礼する様子を、出演者全員が「クール！」と絶賛していました。私達の文化風土が称賛されることは嬉しいものです。本書でも「ジップンチェンシン」として称賛していただいていますが、視点を変えれば、台湾の方々の倫理や哲学の方向性を示しているとも言えます。「目に見えない絆」は、実は台湾の方々の精神を私達に投影したものであるかも知れません。その意味からも、本書は意義深く有意義な内容だと考えます。

減点主義ではなく加点主義を貫いた方

日華（台）親善友好慰霊訪問団　団長
小菅亥三郎

この度、戎総領事が台湾総領事としてのお立場から平成25年の福岡着任以降の5年を振り返り、その間の記録をまとめた書籍『日本精神――日台を結ぶ目に見えない絆』を出版されると伺いました。国家の公僕として真摯に歴史に向き合い、その足跡を記録に留めておかんとするひたむきな姿勢に深甚なる敬意を表するとともに、心からお祝いの言葉を述べさせていただきます。

戎さん、九州でのお仕事、ご苦労様でした。と同時にありがとうございました。

ここではあえて堅苦しい肩書を付けずに「戎さん」と呼ばせていただきます。

5年前の6月23日に着任の歓迎会をさせていただきましたが、今年の夏に帰任されると聞き、名残惜しく思っています。

私が福岡の領事館にお世話になり始めて、戎さんが5人目の総領事になりますが、なぜか戎さんには特別な親近感を感じます。それは戎さんが何か目に見えない垣根を取り払ってくれたような気がするからです。領事館は一国を代表する機関ですから、ある種の堅苦しさがあるのは当然ですが、その中で自ら率先して日本社会の様々なところへ飛び込み、日本文化を理解しようと努めると同時に、日本人に台湾を理解させようと積極的な行動をされてきたことに私は頭が下がります。

私が主催する「台湾慰霊訪問団」は、大東亜戦争で日本人として命を落とされた3万3000人の台湾の若者の魂を鎮めるとともに、その志を継承せんと年に一回慰霊訪問を続けているのですが、この実行は必ずしも平坦なものではありませんでした。時に、台湾側には揺れる世界情勢の中での遠慮が覗くこともありました。しかし、戎さんは私の話を自分のことのように聞いて下さり、「それは日本のことでしょう。貴方の考えでしょう」と突き放した言い方はせず、協力と支援を惜しみませんでした。それも表立って堂々として下さったことに私達は随分勇気を貰いました。日常の仕事においても、戎さんが「失敗しないことを良しとする」減点主義ではなく、「何をしたかを評価する」加点主義であることは想像に難くありません。ただ、積極的なだけに、周囲からの目に見えぬ圧力や怨嗟などもあったと思いますが、私をはじめ多くの人が貴方と終生の関係を持ち続けたいと願っているのではないかと思います。

戎さんが理解しようと努められた「日本精神」、「明治日本の国体」、「五箇条の御誓文」、「教育勅語」などの神髄は、残念ながら今の日本人の一部にしか伝承されていません。敗戦後当事者能力を失った教育の中でこれらのマイナス面だけが強調されたからです。そのため、戎さんがこれらの良さを再発見しようとして日本人に会われた時は、いささか拍子抜けされたのではないかと心配しています。

一方、台湾では蔡英文総統が悪戦苦闘しながら、当事者能力確立のために偉大なチャレンジをしているように思います。天然独の若者は日本の明治維新を成し遂げた下級武士団と同じく、蔡総統とともに「台湾人の、台湾人による、台湾人のための国づくり」をしようとしているのではないでしょうか。大東亜戦争で亡くなられた方々のご子孫が自らの国創りに雄々しく邁進してますが、その一助になりたいというのが、私達の英霊に対する思いです。戎さんはこんな私達の気持ちを理解してくれているものと思います。

ここで少し台湾慰霊訪問団結成のきっかけを紹介させていただきます。

慰霊訪問は平成11年から始まり、今年で20次を数えるまでになりますが、そのきっかけは平成11年3月に行った社員旅行のバス事故でした。太魯閣渓谷（タロコ渓谷）から台中に向かうバスが脱輪事故を起こしたため、代替バスに乗り換えて着いた台中の宝覚寺で日本人墓地にお参りをして君が代を歌ったところ、それを聞いていた若い運転手が帰宅後父親に報告したというのです。たまたまその方が日本軍の関係者だったらしく、私宛に出された例大祭の案内葉書が4月頃届き、やり取りが始まったことが訪問団結成につながりました。これには後日談があり、その方と私の父親がフィリピンの捕虜収容所で一緒だったことが分かりました。戎さんが言う「縁は異なもの味なもの」を地でいくようなことだったわけです。

その方とのご縁で20万人以上の台湾の若者が、日本人として戦争に赴き3万人以上が帰らぬ人となったことを知りました。戦死者は、公務死であり、国を護る、家族を守るという気持ちで戦場に行ったのだから毎日思ってあげなければいけない。忘却されることが彼らにとって一番辛いことなのだという認識が私達の背中を押して、ここまで慰霊訪問を続けてこられたわけです。

戎さん、これからも日本と台湾、九州と台湾の懸け橋として、ご活躍ください。

私達も懸命に自分の足で立とうとしている台湾を応援するとともに、台湾から学ぶことを糧にして、友好を深め、絆を強め、ひいては我が国の再建に努めていきたいと思っています。

ルールではなくモラルを重んじる「日本精神」

延岡日台友好親善協会　会長
塚元博文

台湾と日本の間には深い「絆」が存在します。歴史を振り返れば、明治28（1895）年から50年間、台湾人と日本人がともに歩んだ時代がございました。その間、日本人が台湾に残した歴史的遺産である総統府をはじめ国立台湾博物館、台湾銀行、国立台湾大学、監察院、行政院など数多くの建築物が現在もあり、東京駅と歴史を同じくする新竹、台中、台南、嘉義駅などの駅舎は、今も台湾の人々が大切に使い続けています。また、日台の深い絆の根底にあるものは建築物だけでなく、精神的なものが大きく関わっていることが分かります。

責任感を持つこと、嘘をつかないこと、勇気と勤勉、そして決してあきらめないことなどを総称して、台湾では「日本精神《ジップンチエンシン》」と言い、健全な社会を築き、正しく生きようとする人の道を指し示していると思います。「ジップンチェンシン」はルール（法律）ではなく、モラル（道徳）を重んじた武士道にもつながっているのではないでしょうか。

その武士道の根源にある弱者への思いやり、敗者への気遣いといった相手を思いやる心の「惻隠《そくいん》の情」や「矜持」といった気持ちを、台湾の方々は大切にしているのだと感じました。

残念ながら、今の日本人の多くがこのことを忘れているのではないでしょうか。しかし私は日本人のＤＮＡには必ずや「武士道精神」が脈々と生き続けているものと信じています。一刻も早く目が覚めてほしいものです。

台湾を旅された方の多くが、初めて台湾に来たのに「何か懐かしい気がする。台湾が故郷ではないのに故郷に帰ってきたような気がする」と言われることがあるそうです。

なぜなのか。思うにそれは日本が、日本人がかつて持っていた日本の良き価値観が今も台湾に残っているからではないでしょうか。

今でも台湾で語り継がれている日本人の先達の方々が多くいます。烏山頭に東洋一のダムをつくり、嘉南大洲を一大穀倉地に変えた八田與一、台湾農業の父となった新渡戸稲造、近代台湾の基礎をつくった後藤新平や、台湾で亡くなった多くの教育者など数えきれないほどの日本人が台湾に関わってきました。このようなことを台湾の人々はよく知っています。なぜなら、学校の授業で教えられているからです。それに反して、日本では現近代史について全くと言っていいほど教えていません。台湾の情報について、日本の報道関係、マスコミは中国に気兼ねしてか、あまり報道しないからです。政治にもそのことが言えるのではないでしょうか。

昭和47年、田中角栄首相の時の日中国交正常化に際し、それまで久しく親しく付き合っていた台湾と国交を断ちました。私ども日本人は台湾国に本当に申し訳ない、断腸の思いでした。日本精神、武士道に反する裏切り行為だと、多くの日本国民は忸怩《じくじ》たる思いをしたものでした。

平成23年に東日本大震災が発生しました。その時、世界に先駆けて台湾から多大な支援とメッセージが日本に送られたことは、記憶に新しいことでしょう。義援金は250億円以上です。台湾の国土は九州とほぼ同じ広さで、人口は約2300万人ですので、約1億2600万人の日本と比較すれば凄いことだと思います。戎総領事よりうかがった話では、250億円の99%は台湾の民間の方々が自発的に寄付をしてくださったとのこと。ただただ驚くばかりでした。台湾の人々の日本を思う暖かい気持ちを強く感じたところでした。ありがたいことです。

日本は地理的に東アジアに属していますが、日本の近くには緊張を感じる国がいくつかあります。その反面、すぐお隣に台湾という日本と価値観を同じくする素晴らしい大親友の国があることは大変心強く思っているところです。台湾も日本と同様に地震や自然災害が多い国です。日本と台湾。お互いの国、国民が助け合い、信じ合うことが大切だと思います。親しい人ほど大切に想いやらねばなりません。日台間には政治的に難しい問題もありますが、だからこそ、民間の交流を促進していくことに意義があるのではないでしょうか。交流は、とどまることなく、常に続けていかねばなりません。我々の世代より次の世代へと続けていくことが大切です。それが悠久の大義ではないでしょうか。愛情の反意語は無関心だと言われます。世界一の親日国である台湾に日本人はもっともっと関心を持つべきだと思います。

日本を大好きと思ってくれる国・台湾がもっと豊かになり、国民の皆様がもっともっと幸せになっていただきたいと願う次第です。

日本精神——日台を結ぶ目に見えない絆◉目次

戎義俊総領事と「日本精神」　西日本シティ銀行取締役会長　久保田勇夫　7
凄まじい行動力と情熱　福岡工業大学最高顧問・前福岡県知事　麻生　渡　11
日本国のあり様を考えさせる台湾　日本会議福岡会長　松尾新吾　13
「台北國立故宮博物院展」の九州開催に感謝　福岡県議会議員　福岡県台湾友好議員連盟前会長　全国日台友好議員協議会会長代行　加地邦雄　15
九州と台湾の関係発展への尽力に感謝　福岡県議会議員　松本國寛　17
日本人こそ読むべき本　学校法人福岡工業大学理事長　鵜木洋二　21
「日本精神」は台湾人の倫理や哲学の方向性を示すもの　学校法人福岡工業大学学長　下村輝夫　23
減点主義ではなく加点主義を貫いた方　日華（台）親善友好慰霊訪問団団長　小菅亥三郎　24
ルールではなくモラルを重んじる「日本精神」　延岡日台友好親善協会会長　塚元博文　29

第2章　九州と台湾の絆

第3章　台湾と日本の心のつながり …………………… 105

第4章　未来へつなぐ日台の絆……135

第5章　台湾の将来と日本

第6章　私の心の支え …… 197

■日本と深い関わりを持つ場所

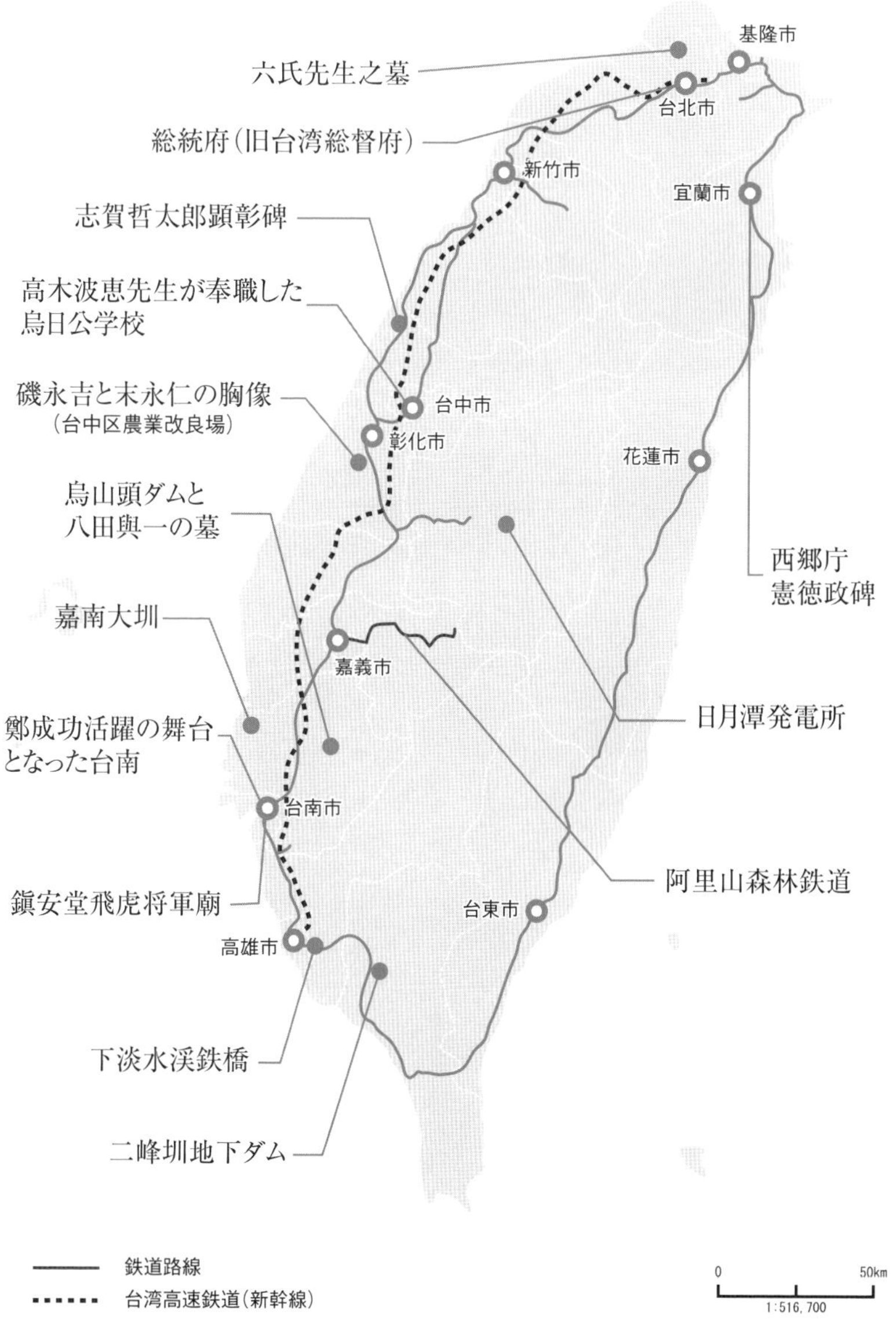

序章

日本との縁結び

台湾総統の日本語通訳を務めて

当時の台湾情勢

私の日本での生活も今年で通算22年になりました。１９８３年に台湾外交部（日本の外務省に相当）に入省以来34年、数年おきに台湾と日本を行き来しながら一貫して日本畑を歩んできました。日台を結ぶさまざまな仕事や経験の中でも、１９９８年から２００１年にかけての3年間、人生の大きな肥やしとなった中華民國台湾総統・副総統の日本語通訳を務めた時のことから話を始めようと思います。

１９９６年、私は5年半の東京勤務を終え、日本から台湾外交部に戻ったばかりでした。その年の3月、台湾では史上初の総統直接選挙が行われ、中華民國台湾は政治的に大きく変わろうとしていました。第9代総統に李登輝氏が選出され、その就任演説の中で「主権は民にある時代」と述べたのです。

中国はこの時、「選挙は台湾独立を目指すものだから牽制しなければならない」と一方的な理由をつけて、台湾北部と南部の近海にミサイルを撃ち込み、1998年の台湾海峡危機が発生したのです。台湾全土に暗雲が漂い、アメリカは台湾海峡に空母を派遣。日本もアメリカの行動に支持を表明するなど、国内外で緊張が高まっていました。

突然の職務命令

忘れもしない1998年のある日のこと。急な呼び出しを受けた私は、上司から中華民國総統の日本語通訳を務めるよう言い渡されました。まさに青天の霹靂。45歳の時でした。「そんな大役が自分に務まるのか……」と不安になる間もなく、すぐに李登輝総統の通訳として総統府に出入りする毎日が始まりました。外国（日本）からの賓客と総統が会見する際に声がかかりますが、事前通告はほとんどなく、心の準備ができていない状態のまま通訳に臨むことが続き、毎日戦々恐々としていました。今思い出しても緊張します。

だからこそ、普段の勉強を欠かしたことはありませんでした。いつ何どき、どのような内容の話であっても、言葉が分からないということがあっては通訳の沽券に関わります。会談で話されると思われる内容の下調べをするため、関連資料を探し出し、専門用語などを頭に叩き込みました。とにかく、わざわざ日本から来られている賓客に失礼のないよう、一生懸命勉強しました。
会談直前、「人事を尽くして天命を待つ」。キリスト教信者の私は、李登輝総統と賓客の間に腰掛けて通訳の成功をただただ祈りました。頭を垂れて祈っている私は、周りから見ると悩んでいるように見えたかも知れません。

さまざまなタイプの通訳

まずは国家行事での通訳です。毎年10月10日の雙十節《そうじゅうせつ》（中華民國建国記念日）の記念式典には、各国を代表したＶＩＰをはじめ、世界中の華僑や友好団体がお祝いに訪れ、会場である総統府前広場は十数万人もの人々で埋めつくされます。この記念式典での総統祝辞を同時通訳するのですが、さすがにこの時ばかりは事前に内容の通達があり、準備もできたので安心して取り組めたことを覚えています。

4年に1度の総統・副総統の就任式における通訳も忘れることができません。こちらは同時通訳ではないものの、内容が洩れることのないよう外界から遮断して翻訳作業を進めるため、丸3日ホテルに缶詰にされました。ようやく解放された時の気持ちは、まるでシャバに戻ったような気分でした（経験はありませんが）。

握手を交わす李登輝総統（右）と有馬元治元衆議院議員（左）。中央奥が筆者

またほかに、総統が日本の方に中華民國勲章を授与する際の通訳もありました。国家元首としての式典では李総統は必ず中国語を使用しました。

総統府での総統会見通訳は1998年からの3年間で100回以上にのぼりました。日本語教育を受け、22歳まで日本人だったと公言する李登輝総統は、誰よりも日本語が達者でした。李総統は基本的に日本の賓客に対して日本語で会話をします。話し出すと止まらないので、予定延長はよくあること。1時間の会談予定が3時間まで延びたこともありました。

その時、私が何を通訳していたのかと思われる方も多いと思います。会談には通常、副総統をはじめ、総統府秘書長、国家安全会議（ＮＳＣ）秘書長、外交部政務次長などが同席することが多く、彼らは日本語が分からない人が多いため、私の出番になります。李登輝総統が日本の賓客と日本語で会話している内容を中国語で次から次にメモし、何を話し、何故今笑っているのかが即座に分かるように彼らにメモを回しました。会談の間中、耳は日本語の会話に集中し、手は中国語を書き続け、1回の会談でメモ用紙は30〜40枚にのぼり、指にはいつもペンだこができていたほどです。

当時の主な賓客として、衆参両院の国会議員をはじめソフトバンクホークス王貞治監督や日本財団会長の曽野綾子氏、ソフトバンクの孫正義会長など政財界、文化・スポーツ界などの多くの日本のお客様にお目にかかることができました。その時の通訳が縁で今でもお付き合いをさせていただいている方もいます。

李登輝総統に見た日本精神

総統通訳として李登輝総統のそばで仕事ができたことは、私に大きな実りをもたらしました。李総統は常に「日本精神《ジップンチエンシン》」をもって振る舞い「有言実行」される方でした。日本の「古武士」とはこのような風格なのかと、その姿に多くのことを学びました。

歓談する連戦副総統と経済評論家のリチャード・クー氏。中央が筆者

私が「日本精神」というものを初めて知ったのは母親からでした。母は日本の教育を受けており、日本人の先生は日本精神をもって自分たちに接していたとよく聞かされていました。

「日本精神」とは、台湾人が好んで用いる言葉で、「勇気」「誠実」「勤勉」「奉公」「自己犠牲」「責任感」「遵法」「清潔」といった精神を指す言葉です。日本統治時代に台湾人が学び、ある意味台湾で純粋培養された精神として、台湾人が自らの誇りとしたものです。大人になって総統通訳になり、李総統を通して日本精神の素晴らしさに触れ、もっと深く勉強したいと思うようになりました。李総統は私を啓蒙してくれた先生でした。

私の通訳について李登輝総統からあれこれ言われたことは1度もありません。後になって、私の通訳に関する批判や文句は1度もなかった。歴代の通訳としては初めてのことだと総統府の事務方から聞き、心からほっとしました。

陳水扁総統時代

2000年5月には新しく陳水扁総統が誕生しました。私はそのまま総統府に残り、日本各界の賓客が総統に会見する際の通訳を務めました。

特に記憶に残っているのは、自民党の船田元《ふなだはじめ》衆議院議員が、奥様の畑恵《はたけい》参議院議員を伴って新婚旅行で台湾に来られた際のことです。選挙で落選し失望していた船田氏に対して、陳総統は自分自身が台北市長に再選できなかった話をしました。当時70%の支持率があったにもかかわらず、自分は再選を果たせなかった。しかし、4年後には総統選を制し、こうして総統に就任していると。「大丈夫あなたは必ず復活する。その証拠に『ニューヨークタイムズ』の『次世代のリーダー・有望な政治家100人』の中に自分と一緒にランクインしているではないか」と温かい励ましの言葉をかけたのです。これには船田氏も奥様も目を潤ませ感動していました。5、6年後、日本で船田氏と再会した際、この時の話をはっきりと覚えていてくださり、通訳をした私としてもとても嬉しかったことを思い出します。

また、故鳩山邦夫衆議院議員がエミリー夫人とお嬢さんを伴って来られたこともありました。鳩山氏が蝶収集の専門家であることを取り上げて陳総統が称賛したことに対し、鳩山氏はとても驚き喜んでいらっしゃいました。このエピソードは鳩山邦夫氏のご子息の鳩山二郎衆議院議員にもお伝えしました。

陳水扁総統と孫正義氏

総統通訳を通して

不安から始まった総統の通訳。しかし、その経験から得たものは何ものにも代えられません。李登輝総統の話を通して、あるいは日本精神を実践する李総統の人間性を通して、日本精神の素晴らしさを知りました。このことは、その後の私の外交官人生に大きく影響し、プラスになっています。

総統通訳という仕事は、自ら願い出たとしてもなかなかできるものではありません。当時、私を抜擢してくれた上司には感謝の気持ちでいっぱいです。この経験を通して視野が広がり、度胸がつき、人間

馬英九総統（左）と固い握手を交わす筆者

行政院副院長時代の蔡英文総統（左）と
船田元衆議院議員（右）

的にひと回りもふた回りも成長することにつながったと感じます。今後は、国のため、そして日台外交のために微力ながら貢献し、恩返しをしていきたいと思っています。

私の好きな言葉

縁は異なもの味なもの① 鹿児島でのホームステイ

私が初めて日本に来たのは台湾の外交官試験に合格し、官費留学で慶應義塾大学に入学した昭和58（1983）年、30歳のことでした。当時、大学には外国からの留学生を支援する部活に「KOSMIC」という組織があり、そこが主催するホームステイに参加して、鹿児島県南さつま市金峰町の牛飼い農家に滞在しました。受け入れ先のご主人は皆迫範夫さんといって、奥さんと3人の子供さんがいました。この家族と一緒に牛に餌をやったり、田植えを手伝ったり、寝起きをともにすることで、日本の文化や伝統に触れることができました。

これが私の九州との最初の出会いです。まさか30年後に総領事として九州に赴任することになるとは思いもしませんでした。福岡に着任して数カ月後に鹿児島での仕事が持ち上がり、

長年の夢が叶って王貞治氏（右）と会える

皆迫家を訪ねて家族と再会を果たした時には、お互いに抱き合って泣きました。

人と人、地域と地域、国と国は何かをきっかけにして強く結ばれるものです。まさに「縁は異なもの味なもの」を実感した出来事でした。

縁は異なもの味なもの②　王貞治会長との出会い

もう一つの「縁」といえば、福岡ソフトバンクホークスの王貞治会長との出会いです。小学生時代、私は花蓮県鳳林小学校の野球チームでセカンドとキャッチャーを守る根っからの野球少年でした。当時、日本のプロ野球では読売巨人軍が9連覇中で、黄金時代と呼ばれる昭和40（1965）年から昭和48年は私が野球に熱中していた小学6年から大学までの時代と重なります。長嶋茂雄、王貞治両選手は我々のヒーローであり、台湾の野球少年の誰もがON砲に憧れていました。特に台湾籍の王選手は国民的英雄であり、子供の頃の私は「いつか日本に行って後楽園球場で巨人戦を観て、王選手と一緒に写真を撮りたい」という、叶いもしない夢を持っていました。

ところがなんと、40年後にその夢が叶ったのです。外交官になり、2度目の東京勤務の時、大使館で査証部長をしていた私のところへ王貞治氏がビザの切り替えに来られ、一緒に食事をする機会を得ました。「欣喜雀躍《きんきじゃくやく》」というのはこのことで、想い続けていればいつか通じるものだと強く思いました。

縁は異なもの味なもの③　曽野綾子氏との出会い

1999年9月21日に台湾で起きた「921台湾大震災」のマグニチュード7・6は平成7年の阪神・淡路大震災（マグニチュード7・3）を上回り、死者2415人、行方不明者29人、負傷者1万1305人という未曾有の被害をもたらしました。この時、世界中から駆けつけてくれた救助隊の中で、日本が一番早く、人数も145人と一番多いものでした。その丁寧で規律ある行動は日本精神の何たるかを知らしめ、台湾人を感動させました。

また、日本政府機関の支援とは別に、当時、曽野綾子氏が会長を務める日本財団が3億円の義援金を拠出してくださいました。自らお見舞い金の授与式に出席された曽野氏に対して、李登輝総統は「もし日本で将来何かが起こったら真っ先に駆けつけるのは台湾の救助隊である」と約束し、深い感謝の気持ちを伝えました。

私はこの時以来、曽野氏とお付き合いをさせていただいていますが、同氏が平成27年に発表された『人間の分際』（幻冬舎新書）は人間の本質を突くものであり、私はその内容から多くの啓発を受け、座右の書としています。これも「縁は異なもの味なもの」の一つでしょうか。

犬も歩けば棒に当たる

総領事には、いろいろな仕事があります。領事館が行う日常業務を決裁すること、表敬訪問を受けることなど、館内でする仕事はもちろんですが、逆に表敬訪問に出かけたり、本国の要人を日本の要人につないだり、各種のイベントに顔を出すことなど、外へ出かけることも沢山あります。私はどちらかというと館内での仕事より外の催しに参加したり、いろいろな人に会って話を聞かせてもらったりする方が好きな性分です。こうして知らないことを教えてもらい、生きた情報を得ることがどれほど仕事の役に立ったか知れません。まさに「犬も歩けば棒に当たる」です。そのような心がけが総領事就任以来の5年間で、鹿児島１４０

回、熊本150回、宮崎120回、大分90回、佐賀80回、長崎80回、山口70回の訪問と公用車の走行距離13万キロ超につながりました。

歩いて当たった「棒」は自分のためにだけに役立つわけではありません。自分にはそれほどメリットのない情報でも、隣にいる人には大いに役に立ち、感謝されたことがあります。また、それほど大きな負担を感じてなかったことでも、協力してあげた方から仕事上とても大きいお返しをしてもらったこともあります。

旅は道連れ、世は情け

九州では、新しい大勢の良き友を得ることができました。後に触れる九州国立博物館での特別展「台北國立故宮博物院――神品至宝」の開催、日本の高校生の台湾への修学旅行、九州大学における「台湾研究講座」など、随分大勢の友に助けていただいて実現したものです。どれをとっても自分一人の力ではできなかったものと思います。

「道連れ」になれた要因の一つには、東京や大阪などの大都会にはない、九州の人たちの大らかで温かい心があったような気がします。九州の皆さんと一緒に仕事をしたり、話したり、食べたり、飲んだりできたことを喜び、誇りに思っています。まさに「旅は道連れ、世は情け」で、公私ともに楽しく有意義な時間を過ごすことができた5年間に感謝しています。

これらの言葉を座右の銘として、今後も日台の関係強化、交流拡大のお役に立ちたいと思っています。

第1章

蔡英文政権と日台関係

台湾史上初の女性総統の誕生

２０１６年1月16日、蔡英文氏が民主進歩党の総統候補として圧倒的強さで当選を果たし、5月20日、台湾史上初めての女性総統として就任しました。「台湾のメルケル」とも呼ばれています。蔡総統もとても日本が好きで、昔はよく旅行に来ていたと聞いたことがあります。総統選前の２０１５年10月には、安倍首相の郷里の山口県を訪問するために来日し、私が日本語通訳として丸一日付き添いました。蔡総統は明治維新にとても興味を持ち「薩長同盟」の話から多くのことを学んだと話していました。

台湾は多民族国家です。言葉や生活習慣で大雑把に見ただけでも、①原住民（約２％）、②ホーロー人（約74％）、③客家人《はっかじん》（約12％）、④外省人（約12％）の４つに分かれます。

原住民は元々台湾島に住んでいた人々です。東南アジア島嶼部《とうしょぶ》、太平洋の島々、マダガスカルに広がる南島語族の人々であり、台湾政府はアミ族、パイワン族、タイヤル族、タロコ族、ブヌン族など、16の民族を原住民として認定しています。

台湾の人口の大半を占めるのがホーロー人です。「台湾人＝ホーロー人（閩南人《びんなんじん》とも言われます）」とする場合もあります。彼らの多くは、１６００年代初頭にオランダが台湾を開拓するために中国大陸の福建省から連れてこられ、台湾の女性と結婚して子孫を残した人々です。

客家人は、中国大陸だけではなく東南アジア各地に居住している民族です。台湾には18世紀初頭に定住しました。勤勉で学問や商業で成功を収める人が多いのが特徴です。

総統選挙前の2015年９月に山口県の日立製作所を訪れた蔡英文氏

外省人は主に、国民党が中国大陸を追われた時にやって来た人々を言います。１９４９年以降、約60万人の兵士と約１００万人の市民が台湾へ渡ったとされています。

また、１９４５年に日本が台湾から撤退して台湾が中華民國の「台湾省」になった時、国府行政院訓令により、中華民國の国籍を回復した人を「本省人」と言い、それ以降に台湾に移住してきた人々を「外省人」と定義することもあります。つまり先の4つのグループの原住民、ホーロー人、客家人は「本省人」にあたります。

ジャーナリストの野嶋剛氏は著書『台湾とは何か』（筑摩書房）の中で「蔡英文氏が「台湾人の総統」になれるかどうかは、ひとえに、今後の四年間にかかっているとしか言いようがない。『中国』を背負った外省人である馬英九よりも、台湾出身の本省人家族を背景にもつ蔡英文が有利な位置にいることは間違いない。しかし、同じ民進党の総統で本省人の陳水扁のように、結果的にグループ（族群）の対立をあおって社会に亀裂を生んでしまえば、それもまた『台湾人の総統』として合格点とは言えない。すべての民の上に君臨する『全民総統』になる必要はないが、支持者だけでなく反対者からも自分たちの指導者であることを受け入れてもらえる『台湾人の総統』にならなければ、これからの台湾を正しくスムーズに統括し、中国と向き合うことは難しい。

前々任の陳水扁と前任の馬英九はいずれも『当選の歓喜』から『退任の失望』へと激しくその評価が変転した。台湾初の女性総統が二人と同じ轍を踏まないことができるか。その答えが出るのは、蔡英文の再選が問われる四年先になる」としています。

転換期の台湾

「ＴＩＭＥ」の表紙を飾った蔡英文総統

２０１５年６月、「She could lead the only Chinese democracy」（彼女は中華圏で唯一の民主主義国家を率いるかもしれない）という言葉とともに、蔡英文総統の写真がアメリカのニュース雑誌「ＴＩＭＥ」の表紙を飾りました。

TIME 誌の表紙を飾った蔡英文総統

「台湾の民主化の起点は一九八六年だった。蒋経國総統が戒厳令の解除や政治活動、報道の解禁を決意し、『時代は変わり、環境は変わり、潮の流れも変わった』と語った年だ。民進党結党の年でもある。それからは、まるでダムの水が堰を切ってあふれるように、台湾の民主社会はどんどん開かれていった。以来今年で三〇年になる。

一九九六年には台湾で初めての直接投票による総統選挙が実施された。それから計六度の総統選挙が行われ、二〇年が経過した。

中台関係の接近が始まったのは二〇〇五年当時野党だった国民党の主席・連戦の訪中がきっかけで、国共という枠組みでの中台接近が起きてから一〇年あまりが過ぎた。

民主化から三〇年、総統直接選挙から二〇年、中台接近から一〇年、これだけでみても台湾は三つの区切りの時期を迎えている。

台湾はこうしたプロセスを経て、もはや世界で最も自由に発言し、行動できる場所の一つになり、その民主化された社会はどんどん成熟している。二〇一六年、総選挙で三度の政権交代が起きた。二〇〇〇年には国民党から民進党へ、二〇〇八年には再び国民党へ、そしてまた民進党へと、見事に八年おきに政権交代が起きている。民主化の優等生だと言っていい」（野嶋剛『台湾とは何か』筑摩書房）。

近現代史の大事件に関わる台湾

引き続き野嶋氏の言葉を借りれば、「台湾の重要性は、内部に抱える歴史とも深く結びついている。台湾は日清戦争の敗北で中国から日本に割譲され、その屈辱を引き金に辛亥革命が起きて清朝が倒れた。日本の統治を半世紀経験した台湾を、日中戦争を含む第二次世界大戦での日本の敗戦によって中国は取り戻したが、今度は、国共内戦で敗れた国民党の反攻拠点となり、共産党にとって『未完成の国家統一』の最後の一ピースとなっている。その統一を実質的に阻んだのは、冷戦によるアメリカの介入だった。

つまり、日清戦争、中国革命、日中戦争、国共内戦、東西冷戦という東アジア世界を大きく変えた近現代史の大事件にことごとく台湾は深く絡んでいるのだ。そして、国共内戦や東西冷戦の構図は、今なお台湾を縛り続けている。

台湾自身もまた、大きな変化にさらされている。それは台湾アイデンティティの極大化だ。台湾は台湾であり中国ではない。そのように考える人々が、すでに人口の六割を超えた。その結果、台湾にとって、自らの国家を求めるナショナリズムが当然、高まってくる。しかし中国の強力な『一つの中国』の縛りと中国経済による利益を考えれば、独自国家の宣言に向かうことは現実的な道だとは考えられていない。一方で、ここまで異なるアイデンティティを持った台湾と中国がいつまでも本当に『一つの中国』という枠組みでやっていけるのか。そんな問いを今回の総裁選は私たちに突きつけることになった。

二〇一四年春、学生と市民が立法院を占拠して世界を刮目させた『太陽花運動（ひまわり運動）』の主体となったのは、強固な台湾アイデンティティを持ち、中国が祖国であるとは夢にも思わないような『天然独』（生まれながらの台湾独立派）と呼ばれる若者たちだ。彼らの動向がこれからの台湾政治の焦点になることは間違いない」（野嶋剛前掲書）。

台湾研究を専門とする平成国際大学教授で私の指導教授でもあった浅野和生氏は、平成29（2017）年1月2日の「世界日報」で次のように述べています。

1年前1月16日の総統選挙で、「台湾の民意は、『台湾は中国ではなく台湾である』」と主張する民進党の蔡英文候補を圧倒的多数で選出した。中国は、台湾は「中国」に属すという「一つの中国」原則を認めるよう、蔡英文総統に再三圧力をかけているが、彼女はこれを認めていない。

一方、日本では、安倍首相が蔡英文総統の誕生に祝意を表した。安倍首相と蔡英文総統は旧知の間柄であり、自由と民主主義、基本的人権と法の支配を尊重する日本と台湾を、価値観を共有するパートナーとして認め合っている。しかし日本政府は、日中共同声明の「一つの中国」原則を理由に、台湾が「中国の一部ではない」と認めない。日本は台湾の民意を尊重して「台湾は中国に属さない」と認めるべきである。このままでは、「中国の夢」を阻止することができない。

中国の太平洋進出を拒む天然の要塞が、日本から沖縄、台湾を結ぶ島嶼線である。中国から見れば、ともに目の前の障害物となる日本と台湾は、価値観も共有する運命共同体である。しかし、この「海の万里の長城」は、アメリカの支援を受けなければ保つことができない。長城の出城として、韓国が加わればなお良いが……。

今や日本にとって、米国の戦争に巻き込まれることより、モンロー主義の影がちらつくアメリカが、東アジアの同盟国を見放すことが危険なのである。だから、アメリカと対峙しようとする中国の太平洋進出を阻むため、東アジアに米軍をとどめるよう、日台はトランプ大統領に説かなければならない。

日米台が協力すれば、習近平の「中国の夢」を押しとどめ、東アジアに十年の平和と繁栄をもたらすことができるだろう。

日本における台湾認識の変化

人的往来650万人時代が到来

平成29（2017）年、訪日の台湾人観光客は初めて450万人を超え、456万人となりました。台湾の人口比率から考えると、実に5人に1人が日本に来たことになります。一方、日本から台湾へ旅行した人は約190万人で、双方合わせると646万人の往来に達しました。日本旅行業協会が発表した平成29年の年末年始および平成30年のゴールデンウィークの海外旅行先調査では、いずれも台湾がトップです。

今、日台両国間では、観光をはじめ経済貿易、文化、芸術、学術、スポーツなど、あらゆる分野において交流が頻繁かつ活発に行われています。なぜ日本と台湾は特別な関係にあるのでしょうか。「日本人は台湾の親日性をどう理解すればいいのか。なぜ東日本大震災で台湾の人々はあれほど巨額の義援金を送ってくれたのか。そんな多くのクエスチョンが、いま日本人の頭のなかに渦巻いているように私には思えて仕方がない」（野嶋剛前掲書）。

「3・11後」、「感謝台湾」がキーワードに

平成23（2011）年の東日本大震災の惨状の中でも秩序を守り、お互いを思いやる日本人の姿は世界各国から絶賛されました。こういった日本の精神文化が今も生き続けていることを知って感銘を受けた人々が台湾には数多くいます。そのため、台湾からはさまざまな形で復興支援が行われ、義援金は最終的に世界で最多の250億円を超えました。そのうちの99％は民間による自発的な寄付でした。

日本人の台湾への思いが目覚めたのが、この巨額の支援でした。当初、日本のメディアや政府の反応は、いつものように鈍いものでした。世界中から寄せられる支援の中で、台湾の義援金が突出して多いことを、日本人としてどう受け止めればいいのか、どのように感謝を伝えればいいのか、震災のただ中にあったということもあり、日本人は機敏に考えられなかったように思います。当時の日本メディアの台湾の義援金に対する報道はあまりに貧弱で物足りないものでした。

台湾に感謝を伝えなければいけないと、最初に行動を起こしたのは、政府でもメディアでもなく民間の人々でした。当時の民主党政権が震災支援への感謝広告をアメリカや中国の新聞に出しながら、台湾の新聞には出さないことになった際、日本の有志が「謝謝台湾計画」

としてツイッターで募金を呼びかけ、多くの人の賛同を得て、感謝広告が民間の手によって台湾の「聯合報」と「自由時報」に掲載されたという経緯があります。民間のレベルでは、台湾人と日本人は心の絆で結ばれていたのです。

「『感謝台湾』の呼びかけは、多くの人の心にあった『どうして台湾がこれほど日本を助けてくれるのか』という気持ちを惹起し、一気に広がった。あれから五年以上が経過し、台湾の義援金に対する感謝の言葉を述べるのは、今日の日台交流で一つの枕詞のようになっている。蔣介石の『以徳報怨』以来、恐らくはじめて日本と台湾との関係において、日本側から主体的に日台関係のコンセプトが提示されたのではないだろうか。過去には『片想い』と言われていた台湾の日本への思いが、両思いになることを日本人が躊躇せず語れるようになったのである。

震災という不幸な事態が日台関係に与えたこの良好なインパクトはまさに不幸中の幸いだった。日本人の台湾認識は蔣介石時代の「以徳報怨」、李登輝時代の「台湾民主化」を経て、『三・一一後』あるいは『感謝台湾』というキーワードがふさわしい日台関係の新時代に入ったと言えるだろう。二〇一六年二月に台湾・台南で地震によるビル倒壊が起きたとき、日本において台湾支援の輪が驚くほど瞬時に広がったことは、『三・一一後』の新しい日台関

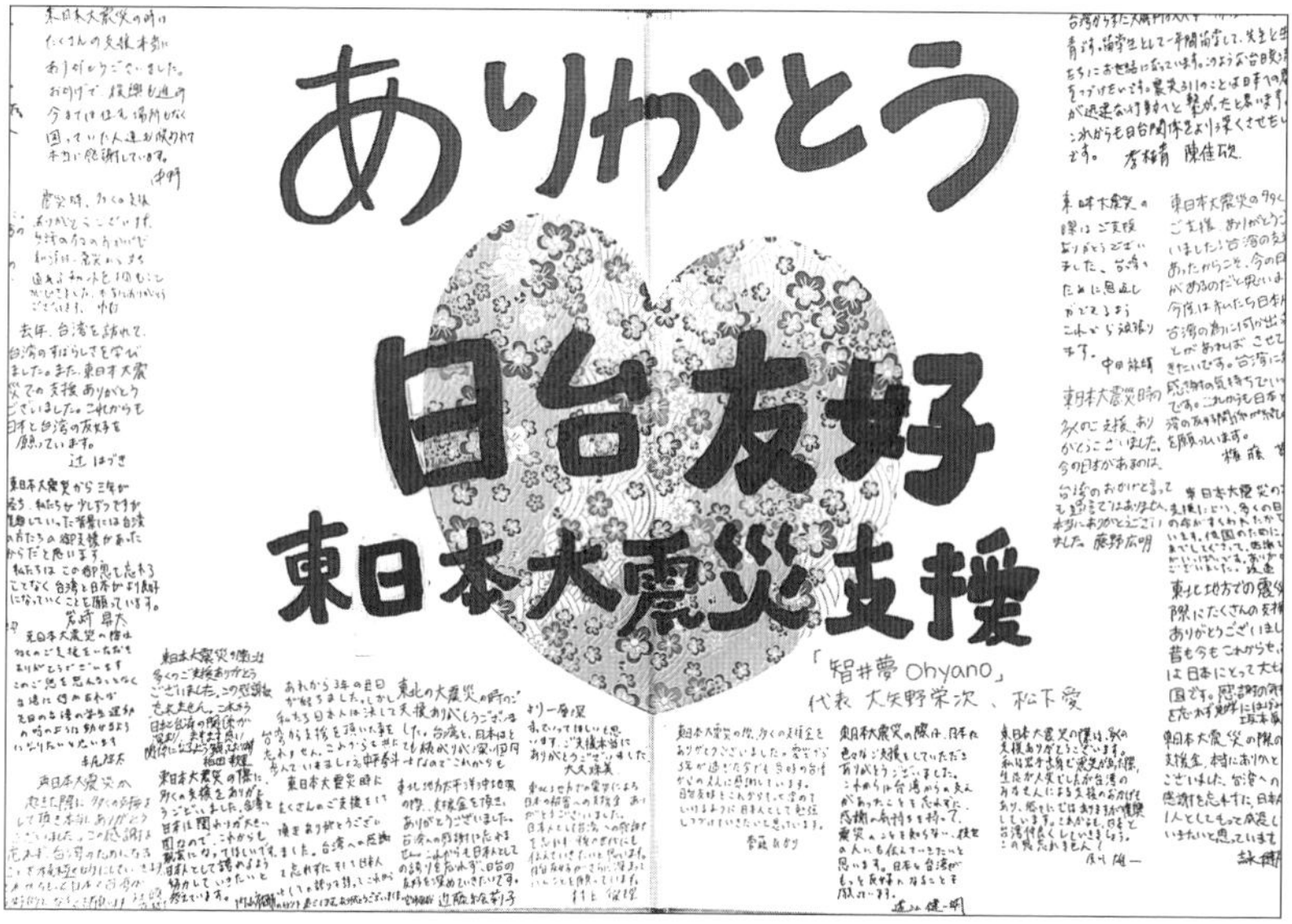

久留米大学での筆者の講演の際、学生から贈られた寄せ書き

係の姿を改めて印象づける出来事だった」（野嶋剛前掲書）。

同年4月の熊本地震に際しても、台湾政府と民間は、これまでに7億円以上の義援金を贈っています。

平成30年2月6日、現地時間の午後11時50分（日本時間7日午前0時50分）頃に台湾東部の花蓮を中心とする地域でマグニチュード6・4の大規模な地震が発生したことを受け、日本の安倍晋三首相は同8日、台湾国民にお見舞いのメッセージを送りました。

安倍首相は「東日本大震災では、古くからの友人である台湾の皆様から心温まる支援をいただいたことを、日本国民は良く覚えています。大切な友人の今回の困難に際し、日本

安倍晋三首相が毛筆で書いた激励の言葉
（首相自身のフェイスブックより）

はできる限りの支援を行っていきたいと考えています」と述べ、捜索・救助活動を全力で支援する考えを示しました。さらに、「台湾加油（台湾頑張れ）」と励ましの言葉を毛筆で書く様子を写した映像を、自身のフェイスブックに投稿しました。

これに対し、台湾の蔡英文総統はツイッターで「安倍首相からのお見舞いは、まさかの時の友は真の友、まさにその通りです。このような困難な時の人道支援は、まさに台日双方の友情と価値観を体現するものだと思います」と感謝の意を示しました。

また台湾の国民からは、ＳＮＳなどで「安倍首相の励ましにとても感激しました。台日の友情は今後さらに強固なものになっていくでしょう。今、台湾と日本は別の国になりましたが、日本が台湾の近代化に尽力してくれたことは分かっています。これからも何かことが起きた時は家族として助け合っていきましょう。日本が隣国であってとても良かった」といった反響が寄せられました。

また、全国各地において集まった義援金は、それぞれの地域の辦事處などを通じて被災地に送られるなど、今回も日台の強固な絆が示されました。

高島宗一郎市長（左）から福岡辦事處に届けられた義援金

近年、台湾と日本は大きな自然災害が発生するたびに助け合い救い合ってきました。「日本人が台湾に対して、新たな態度、新たな認識で向き合うべき時代に入っていることは間違いない。それは単体としての台湾に向き合うことにほかならない。現実には中台関係の重みは変わっておらず、純粋に台湾だけを切り離して論じろというのではない。しかし、中国問題の付属物、あるいは、日米同盟の付属品のように台湾と向き合う姿勢もまた、すでにリアリズムという意味で、リアルではなくなっている。それは二〇一六年一月の総統選挙の結果が雄弁に証言しているところである。

民進党を勝利させ、国民党を敗北させたのは『台湾は台湾である』と信じる人たちの群れであった。台湾に生きる人々がそう考えているのであれば、我々もその政治的現実を受け止めるべきである。そのうえで、台頭した大国・中国とどう距離を取るべきか、どのような政治体制が台湾にふさわしいか、中台関係の平和的解決や安定的マネジメントの解答がどこにあるのか、といったテーマを積極的に議論していきたい。そこに立場や意見の分岐があるのは極めて健全なことである。不健全なのは、何も考えないことであり、思考停止を続けることだ。

台湾は政治的にも地理的にも歴史的にも「日中の狭間」に身を置く存在である。それは台湾にとっての宿命であり、日中にとっての宿命でもある」（野嶋剛前掲書）。台湾の人々は常に「日本と中国」を意識しながら生きていく運命にあることを、強く自覚しています。

第2章

九州と台湾の絆

特別展「台北國立故宮博物院――神品至宝」の開催

平成26（２０１４）年10月７日から11月30日まで九州国立博物館で開催された特別展「台北國立故宮博物院――神品至宝」は、55日間で25万７０００人もの入場者を集め、大盛況のうちに終了しました。

この特別展は、東京国立博物館のほかにもう１カ所の開催地をどこにするか、全国から手が挙がりましたが、結局、九州国立博物館に落ち着きました。私はここに台湾と九州が持つ長い交流の歴史を感じざるを得ません。

日本統治時代の台湾は、九州・山口と非常に深い関わりを持っていました。全19代の台湾総督のうち７人が九州・山口の出身者です。初代の樺山資紀《かばやますけのり》総督は鹿児島市出身、４代目の児玉源太郎総督は山口県徳山市（現・周南市）出身、７代目の明石元二郎《あかしもとじろう》総督は福岡市の出身、11代目の上山満之進《かみやまみつのしん》総督は山口県防府市出身でした。台湾北部に位置する宜蘭《ぎらん》の初代庁長（現在の県知事に相当）の西郷菊次郎は明治維新の英雄・西郷隆盛の長子として鹿児島県

九州国立博物館の外観と特別展「台北國立故宮博物院──神品至宝」のパンフレット（提供＝九州国立博物館）

奄美大島で生まれました。西郷菊次郎は庁長在任中に、氾濫が多く人々を悩ませていた宜蘭河に堤防を建設し、多くの人命を救いました。今日に至るまで、宜蘭県民から深く尊敬されています。明石元二郎は、台北から高雄まで送電する日月潭《にちげつたん》水力発電事業の推進や南北縦貫鉄道の整備、台湾教育令の発布など、台湾の近代化に大きく貢献しました。明石元二郎の墓は台北市内にあり、今も献花が絶えません。

また、これらの政治家・官僚のほか、2万人あまりの九州人が台湾に渡って仕事をし、生活をしました。年代の近いところでは、鹿児島県の山中貞則元衆議院議員（元自由民主党税調会長）は台湾の小学校で教鞭をとりました。台湾で恋愛し、結婚し、子供をもうけたこれらの人々は、その青春のほとんどを台湾で過ごしました。台湾で生まれ育ちながら敗戦とともに戦後日本へ引き揚げざるを得なかった人々を「湾生《わんせい》」と言いますが、これらの人々の記憶の中にはいつも「台湾」という大きな塊があり、今も九州各地で集まりが続けられています。

特別展「台北國立故宮博物院──神品至宝」の開催実現に向けた福岡県台湾友好議員連盟、福岡県、九州国立博物館の皆さんの強力な誘致活動と支援に加えて、九州と台湾のこのような歴史的つながりが、「見えざる手」として九州での故宮展の開催と成功を後押ししたに違いないと私は思っています。

この故宮展をご覧になった方々には、次はぜひ台湾に足を運んで欲しいと思っています。それによって、これまで築かれてきた相互の信頼関係に新たな光が当てられ、経済・文化・芸術などさまざまな分野の交流が一層活発になるものと確信するからです。

長崎・平戸で生まれた鄭成功

九州と台湾の縁を結ぶ英傑の一人に鄭成功がいます。
鄭成功の生誕記念式典が平成29（２０１７）年７月14日に長崎県平戸市で執り行われました。鄭成功は３９４年前の寛永元年／大明天啓４年７月14日（１６２４年８月27日）に中国

５年続けて鄭成功の生誕記念式典に出席しました

人の父、日本人の母との間に平戸で生まれました。彼は清に滅ぼされようとしている明を擁護して抵抗運動を続け、台湾に渡り鄭氏政権の祖となりました。台湾では、オランダ軍を討ち払ったことから、孫文、蔣介石と並ぶ「三人の国神」の一人として尊敬されています。

　式典には全世界鄭氏宗親会、台南市鄭氏宗親会、安海文化創意発展協会の会員らも参加しました。幸い、私はこの5年間1度も欠席することなく生誕祭に参加することができましたが、３９４年前にこの地に誕生した歴史的英雄が、母の里の平戸市、父の里で少年期を過ごした南安市《なんあんし》、活躍の根拠地であり最期の地とな

中山紀念碑

った台南市の三つの地域を今も結びつけていることに、不思議な縁を感じざるを得ません。まさに「縁は異なもの味なもの」です。

革命の孫文と人情の九州

福岡市動物園のそばに広がる南公園。この緑多い公園の小高い場所に、中山《ちゅうざん》紀念《きねん》碑《ひ》が立っていることをご存じでしょうか。中山というのは、清朝を倒すために革命運動を指導した国父・孫文が日本において使用した名前であり、この紀念碑は孫文生誕１００年を記念して昭和40（１９６５）年に福岡日華親善協会によって建立されました。しかし、その存在は福岡市民にすらあまり知られておらず、静かなたたずまいが時の流れを感じさせます。

平成27（２０１５）年は孫文生誕１５０年、そして中山紀念碑建立50年にあたり、11月14

孫文を支援した日本の友人たち。右から孫文、清藤幸七郎、小山雄太郎、宮崎滔天、内田良平、末永節（『近百年来の日中関係図録』より）

日、福岡日華親善協会（天岡健会長）の主催により、記念献花式典が中山紀念碑前で行われました。

なぜ福岡市に中山紀念碑があるのでしょうか。そこには孫文と九州、福岡との深い関係があります。

20世紀初頭、孫文は清朝打倒、共和制国家の樹立を目指して、日本の支援を受けながら革命運動を推進し、その間に9回もの来日を果たしました。革命に対する日本人の支援、中でも九州人の活動は際立っており、自分の生家に孫文をかくまい、献身的に世話をした宮崎滔天《とうてん》（熊本県荒尾市）をはじめ、滔天から紹介を

臨時大統領に就任した時の孫文
（『近百年来の日中関係図録』より）

受けた玄洋社の頭山満（福岡市）、孫文と香港で知り合った実業家・梅屋庄吉（長崎市）などに代表される九州人が、資金や武器をはじめ、物心両面から支援を続けたのです。大分の医師の高野太吉は胃病に苦しむ孫文を治療し、健康面から支援しました。

孫文の革命人生において、九州は大変大きなウエイトを占めており、人情に厚い九州人の支援がなければ、1911年の辛亥革命は成功しなかったと言っても過言ではありません。辛亥革命によって中華民國が成立し、臨時大統領に就任した孫文は、後日、国賓として来日した折、わざわざ荒尾市の宮崎家を訪れるほど、滔天とは真の盟友関係にありました。

福岡日華親善協会は、孫文と九州人との深い友情を尊ぶと同時に、戦後の蒋介石の日本に対する寛大な措置「以徳報怨」への恩義を感じる九州の有志や華僑に出資を募り、紀念碑を建立したのです。同会は今日まで、定期的に献花式典を開催するほか、孫文と蒋介石の生誕祝賀会を毎年福岡市で開催するなど民間交流を続けています。

中華民國の「国父（建国の父）」と呼ばれる孫文は、中国でも「民主革命の偉大な先駆者」と呼ばれており、台湾、中国双方で高く評価されています。福岡市において孫文生誕150年を偲び献花式典が開催されたことは誠に意義深いことと思います。

台湾と九州・日本をつなぐ人の縁

台湾近代化の恩人たち

「いまから100年少し前、日本統治時代と呼ばれる1895年からの50年間、かなりの日本人がフォルモサ・麗しき島と呼ばれていた台湾に渡った。

1898年、台湾総督府民政長官として赴任した後藤新平が台湾でおこなった近代化政策は、『生物学の原則に従う』ものであった。元来医者であった後藤は、新領土の社会を一つの生命体として捉え、生き生きとした生命力を引き出す進め方を選択した。台湾の社会風俗

右・児玉源太郎、左・後藤新平（『近世名士写真其１』国立国会図書館蔵）

などの調査を行い、その結果をもとに政策を立案していった。

その具体策として後藤は、台湾の人々の暮らしを豊かにする産業を興すと同時に、港湾、鉄道、道路、上下水道など基本的なインフラの整備に総力を結集した。そのために内地から各分野で最も優れた人材が呼ばれた」（緒方英樹『台湾の礎を築いた日本人たち』）。

今日、台湾は世界一の親日国家であると言われていますが、その要因の一つとして、台湾のインフラ整備のために犠牲になった日本の方々の恩に報いたいという台湾の人々の思いが挙げられます。心から感謝し、「滴水之恩、湧泉以報」（たとえ一滴の水でも受けた恩義は湧き出る泉として恩返しをする）という気持ちを持ち続けています。

後述する八田與一をはじめ、大勢の日本人が台湾の近代化を進めてくれました。その中にも多くの九州出身者がいます。以下に、特に紹介したい人物を取り上げたいと思います。

宜蘭を救った西郷菊次郎

台湾は日本と同じ環太平洋火山帯の上に浮かぶ島国です。したがって、地震もあれば火山も温泉もあります。台湾の温泉文化は日本統治時代に日本人が根付かせたもので、現在、台湾の温泉地として台湾人に人気を誇っている場所が「宜蘭《ぎらん》」です。その宜蘭の街の発展に大きく貢献した日本人がいました。西郷隆盛の息子、西郷菊次郎です。

菊次郎は西郷隆盛の長男として、奄美大島で生まれました。12歳の時に2年6カ月のアメリカ留学を経験し、17歳の時、西南戦争にも参加しました。その後、隆盛の弟である西郷従道《つぐみち》の支援を得ながら、留学経験を生かす場として外務省に入り、アメリカ公使館や本省で勤務した人物で、台湾と深く関わっています。

明治28（1895）年4月に台湾が下関条約によって日本に割譲されると、菊次郎は台湾《たいわん》総督府参事官心得《そうとくふさんじかんこころえ》を命じられ、台湾に赴任しました。菊次郎34歳の時です。その翌年には、台北県支庁長《たいぺいけんしちょうちょう》に任じられ、さらにその1年後、明治30年に台湾の北東部の宜蘭庁の初代長官に任じられます。菊次郎が宜蘭庁長官に就任して9カ月後の明治31年、第4代総督に児玉源太郎が就任。後藤新平を民政長官に抜擢し、台湾に赴任してきました。児玉総督は後藤に絶大なる信頼を寄せ、後藤もその信頼に応えるべく台湾近代化の青写真をつくり、実行に移します。ドイツで医学を学んだ後藤は、日本国内の法制を文化・風俗・慣習の異なる台湾にそのまま持ち込むことは困難であると考え、台湾の社会風俗などの調査を行った上で政策を立案し、漸次《ぜんじ》、日本との同化の方法を模索するという統治方針を採用しました。

同じ時期、どうしたらかたくなな島民感情を融和させることができるか昼夜悩んでいた菊次郎は、後藤新平の統治方針を理解し、受け入れました。さらに、父・隆盛がよく言っていた「天を敬い、人を愛する（敬天愛人《けいてんあいじん》）」という仁愛の無私無欲こそが難局を解決できる道だとも考えていました。

原住民や台湾人に対する差別意識を持つ日本人が多い中で、菊次郎は違いました。幼少期に苦労して育ち、西南の役で多くの優秀な若者の死を目の当たりにし、自らも右足を失い、障碍者となっていた菊次郎は、弱い者に対する優しさと誠実な心を自然と身につけていました。菊次郎はこちらの思いを、時間をかけて島民の心の中に溶け込ませる努力以外に方法が

上：西郷菊次郎（『京都市営電気事業沿革誌』国立国会図書館蔵）
左：西郷庁憲徳政碑（提供＝林恵玉撮［宜蘭市公所］）

ないという結論に達し、民衆のためになる治政こそが住民の心を開かせ、協力を引き出すことができると考え、実行に移しました。

当時の宜蘭は雨期になると宜蘭河が氾濫し、農民を苦しめていました。菊次郎は民衆の信頼を得る第一歩として、宜蘭河の治水を熱意をもって地域住民に説き続けます。そしてついに、湿地帯に堤防を築くという難工事をやりとげ、多くの命を救いました。感激した宜蘭の住民有志は、明治38年「西郷《さいごう》庁《ちょう》憲《けん》徳《とく》政《せい》碑《ひ》」と刻んだ石碑をその堤防の近くの民家の庭に設置して、菊次郎を顕彰しました。大正12（1923）年、菊次郎の名前を取って「西郷堤防」と命名されると、宜蘭の人士により巨大な石碑がつくられ、この上に原碑を載せて中山橋の西側に設置しました。3年後には第2

期工事が完成し、宜蘭の街は強固な堤防に守られ、安心して生活ができる環境が整いました。

台湾南部の水利事業で知られる八田與一より30年も前に、土木技師でもない西郷菊次郎が誰よりも早く宜蘭河の治水事業を行い、それを讃える記念碑が地域住民によって建立されたことを、どれくらいの日本人が知っているでしょうか。

この後も菊次郎は宜蘭の社会基盤の整備に力を注ぎました。河川工事、農地の拡大、道路の整備、樟脳《しょうのう》産業の発展、農産物の増収政策などを実施するとともに、教育の普及にも力を入れました。それにより治安が良くなり、住民の生活を安定させることに成功したのです。

蓬萊米の母、末永仁

今、台湾では、「台中秈10號」「台農71號」「台粳16號」「台南11號」などの美味しい銘柄の米が出回っています。その多くが、日本統治時代に磯永吉《いそえいきち》と末永仁《すえながめぐむ》が10年以上の辛苦の末に開発した「蓬萊米（台中65號）」の流れを汲むものです。そのため、今も台湾の人々は磯永吉を「蓬萊米の父」、末永仁を「蓬萊米の母」と呼んで尊敬と感謝の念を表しています。

平成29（2017）年7月6日に私は福岡県大野城市に住む末永仁の孫・末永英明氏を訪問し、台湾政府からの感謝状を贈呈しました。

末永英明氏（右）の自宅を訪ねて感謝状を贈呈

感謝状の贈呈にあたって私が「台湾政府ならびに２３００万人の国民を代表して感謝の意を伝えることができて心から嬉しく思います」と述べたのに対し、末永英明氏は「開発から長い年月を経ているにもかかわらず、いまだにこうして感謝の気持ちを伝えていただける台湾の方々の心に感激いたします。祖父もきっと喜んでいると思います」と応じてくれました。

末永仁は明治19（１８８６）年、現在の福岡県大野城市に生まれました。大分県の三重農学校（現・大分県立三重総合高等学校）を卒業後、福岡県農事試験場に勤務。明治43年、24歳で台湾に渡り、台中の試験農場で磯永吉（広島県福山市出身）とともに昼夜を分かたず努力・研鑽に励んで、台湾の風土に適した米の開発・改良に心血を注ぎました。大正12（１９２４）年、後に「蓬莱米」と名付けられた新品種「台中65號」の育種に成功。台湾の農業を大きく変えました。昭和12

末永仁の母校・三重総合高等学校での胸像除幕式

（1937）年からボルネオ島のサラワク王国に招かれ、稲作指導に邁進するものの、結核を患ったため、昭和14年台湾に戻りました。戻った後も実験田での作業を続けましたが、過労がたたり、同年12月に53歳の若さでこの世を去りました。

　このような姿勢、責任感こそ、私利私欲を捨てて公益のために尽くす日本精神《ジップンチエンシン》であり、台湾人が尊敬して止まぬところです。

　以前は貧しかった台中を中心とする15万ヘクタールの土地が、八田與一の嘉南大圳の完成と蓬莱米の開発によって大穀倉地帯に変身しました。農村が豊かになったことに地元の人々は、今も末永・磯両氏を神様のように崇め慕っています。台湾で年に3回収穫できる蓬莱米は、主食以外に、ビール、米焼酎、清酒の主原料として日本をはじめ諸外国へ輸出され、稼いだ外貨は台湾の工業発展に寄与しました。

台湾の総合科学メーカーである奇美実業グループの創業者・許文龍氏は、末永仁の功績を讃えて3体の胸像を製作し、これらは末永が勤務した臺中區農業改良場、福岡県農業試験場、母校である大分県の三重総合高等学校に寄贈されています。

六氏先生

夏目漱石の言葉に「夫レ教育ハ建国ノ基礎ニシテ、師弟ノ和熟ハ育英ノ大本タリ」というものがあります。教育は国づくりの根幹であるというものです。台湾の諺にも「十年樹木、百年樹人」（樹木を育てるには十年、人を育てるには百年かかる）というものがあり、人材育成の重要性が説かれています。

台湾の統治を始めた日本は、まずインフラの整備に取り組み、鉱山の開発や鉄道の建設、衛生環境の改善や農林水産業の近代化などの政策を推し進めましたが、同時に教育を重視し、志ある人々が教育者として台湾に渡りました。

その中に、後に「六氏先生」と呼ばれる人たちがいました。楫取道明《かとりみちあき》（山口県、38歳）、関口長太郎（愛知県、37歳）、桂金太郎（東京府、27歳）、中島長吉《なかじまちょうきち》（群馬県、25歳）、井原順之助（山口県、23歳）、平井数馬《ひらいかずま》（熊本県、17歳）です。彼らは台北の芝山巌学堂《しざんがんがくどう》と呼ばれるところで日本語教育を始めました。生徒6人から始まった小さな学校は、徐々に生徒数を増やし、周辺住民にも受け入れられていきました。しかし、しばしば抗日暴動が発生するなど治安が悪化したため、心配した人々が彼らに避難を勧めましたが、彼らは「死して余栄あり、実に死に甲斐あり」と教育に殉じる覚悟を示して拒み、その場に残りました。

明治29（1896）年、元旦の拝賀式に出席するため、芝山巌を出た一行に約100人の抗日ゲリラが襲いかかり、6人の教師に用務員の小林清吉を加えた計7人が惨殺され、非業の死を遂げました。

世情が不安定な初期の日本統治時代に起きた「芝山巌学堂事件」の悲劇は大きな衝撃を与え、六氏先生の教育に対する姿勢に日本人および台湾人は大きな感銘を受けました。六氏先生の教育活動はわずかな期間でしたが、彼らが犠牲を払って培った芝山巌精神は日本の教育界を揺るがし、全国各地から陸続として有志の教師たちが渡台し、台湾全土で献身的に子弟の教育に従事しました。熊本県からも、平井数馬先生に続けとばかり、延べ2000名を超える教師が台湾に渡り、大正期後半には、台湾人の子供たちを対象にした公学校、日本人の子供を対象とした小学校の教員のほぼ1割を熊本県出身者が占めていたといわれます。その効あって、終戦時の台湾の識字率は92・5％まで上がり、現在の発展へつながる大きな原動

六氏先生写真。後列右より平井数馬、井原順之助、中島長吉。前列右より関口長太郎、楫取道明、桂金太郎（「臺灣土語叢誌」第八號より）

力となったと考えられます。

以下に台湾に生涯をささげた九州・山口の出身者をご紹介します。

楫取道明

犠牲者の一人でリーダー格の人物でした。道明の父・楫取素《もと》彦《ひこ》は吉田松陰が最も信頼した弟子の一人で、初代群馬県令をつとめました。母・寿《ひさ》は吉田松陰の妹にあたり、いずれも、平成27（２０１５）年のＮＨＫ大河ドラマ「花燃ゆ」に登場した人物です。明治維新の胎動をもた

芝山巌にある六氏先生の墓
（提供＝曾瑞芳氏）

らした松下村塾の精神は、楫取道明をはじめとする六氏先生の身命を賭した教育に継承されたと言っても過言ではないと思います。

井原順之助

山口県出身の井原順之助も23歳で台湾に渡り、同郷の楫取道明とともに芝山巌学堂で教育に携わりました。彼に関する資料が多く残されてないのは残念ですが、お墓は山口県岩国市内に残っています。

平井数馬

若干17歳で非命に斃《たお》れた平井数馬は熊本県の出身。済々黌《せいせいこう》中学に学び、語学や柔道・剣道など文武に秀でた俊才で、『日台会話集』など語学書の編纂に携わった人物です。ゲリラに襲われた際も、相手を組み伏せ敢闘奮戦したという逸話が残っています。

平成27年2月21日、私は平井数馬の母校・熊本県立済々黌福岡同窓会西新会からの要請で、「台湾に残された日本文化」と題した講演を行う機会を得ました。大和魂や武士道、台湾に残された日本精神について、平井数馬の精神を受け継がれた方々の前でお話できたことを誇りに思っています。

志賀哲太郎

熊本県益城町出身の志賀哲太郎は、日本統治が始まってわずか1年後の明治29（1896）年12月、「教育勅語」に示される徳を根本理念とした教育を目指し、単身台湾に渡りました。当時の台湾は日本統治に反対する者も多く、同じ年の元旦にはゲリラの襲撃を受けた6人の日本人教師（六氏先生）が殉職したばかりで、教育制度も定まっていない状況でした。

明治32年、哲太郎は台中の大甲に縁を得て、開設されたばかりの大甲小学校の代用教員になりました。「志賀哲太郎顕彰会会誌」2号には、「当時の台湾では、就学率が低く教育に対する理解が浅かった。このため開校当初の児童数は十数名であり、その中でも卒業したのは明治37年次には4名だけという状況でした。哲太郎は学齢期の子供のいる家や、せっかく入学しても休んでいる子供の家を、一軒一軒足繁く訪ねて廻った。貧しい家の子には文具を買って与え、病気になれば菓子や絵本を持って見舞い、学費を払えない生徒には身銭を切ってこれを補助した。彼の熱意と愛情と誠心が大甲の人々の心に溶け込んで、大正期には生徒数も着実に増え、１９２３（大正12）年度の卒業生は百名に達した。出席率も県下一となり、進学率も高まった」とあります。

志賀は「人権尊重」、「公平無私」の態度で大甲の住民に向き合い、「礼儀」や「時間を守ること」など身をもって範を示しました。よそに転勤のない代用教員の身分をあえて選択し、大甲子弟の教育に半生を捧げました。26年間にわたる大甲での教え子は千余人に上り、後に台湾各界で活躍する人物を数多く輩出しました。「勇気」「忠誠」「勤勉」「奉公」「自己犠牲」「責任感」「遵法《じゅんぽう》」「清潔」といった日本精神をもって生涯を貫いた哲太郎は、常に住民と暮らしをともにし、住民や子弟から慕われていたと言います。

しかし、明治末期から大正時代に入ると、教育を受けた台湾青年たちが急速に民族運動に目覚め始めました。民族運動はやがて大甲にも広がり、公学校の生徒の保護者や卒業生、台湾人教師などが解放運動に関わるようになりました。総督府の一官吏でありながら、常に教え子の立場に立ち続けた哲太郎は、とうとう教職の身分を解かれてしまいます。師弟愛が深ければ深いほど、生徒に寄り添う志賀と上層部の教育方針との板挟みで苦悩は深まり、ついに自ら死を選びます。まさに台湾子弟の教育に身を捧げたのです。教え子のみならず大甲の住民は皆、先生の死を悼み、神様に礼拝するように、道ばたに線香を立てて供物を並べ、志賀の葬送の列を見送りました。大甲の町全体が喪に包まれたと言います。

大甲を見下ろす鉄砧山《てっちんざん》南麓に祀られた志賀は、まさに大甲の聖人として大甲の人々から尊敬を集め、教え子たちによる顕彰碑の建立や生誕百年祭が執り行われるなど、今でもお参りの人が絶えません。平成23（2011）年12月、大甲区役所は、志賀哲太郎を大甲の「文昌廟」に合祀することを決めました。文昌廟とは、文昌君（学問の神様）が祀られている場所で、日本の太宰府天満宮のような存在です。志賀はそのような場所に合祀されることになったのです。志賀は大甲の聖人、まさに神様として大甲民から崇められ、今でも遺徳が慕われています。

志賀哲太郎

平成27年9月、熊本県益城町で「志賀哲太郎先生顕彰会」が結成され、さまざまな縁が重なり平成28年の5月に益城町の皆さんの前で志賀哲太郎に関する講演を、という依頼を受けました。講演は平成28年4月に発生した熊本地震により延期されたものの、再度の要請をいただき、平成30年2月に実現することができました。

益城町へは地震発生直後から数回にわたり慰問に訪れました。まさに日本精神を体現された志賀哲太郎に導かれ、台湾と益城町との強い縁を感じずにはいられない体験でした。台湾大甲の聖人であると同時に郷土の偉人である志賀哲太郎の精神を育んだ益城町には、素晴らしい日本精神が宿っていることを感じます。益城町の1日も早い復興を願い、志賀哲太郎によって結ばれた台湾と益城町の絆を大切にしながら、教育や文化を軸とした友好関係を築いていけるようにと願ってやみません。

志賀哲太郎顕彰会で講演中の筆者

明石元二郎

明石元二郎は元治元（1864）年、福岡市で生まれました。大正7（1918）年に第7代台湾総督となり、亡くなるまでの1年4カ月の在任中に台湾電力株式会社を設立し、水力発電所の計画を立案、調査に着手しました。また、日本人と台湾人の共学制を採用するなどの教育改革や南北縦貫道路、鉄道の充実など、後の台湾の発展に欠かせない大きな業績を残しました。しかし大正8年7月、公務で日本に渡る洋上で病に倒れ、郷里の福岡で亡くなりました。享年55。明石の遺骸は「もし自分の身に万一のことがあったら、必ず台湾に葬るように」との遺言通り、わざわざ福岡から台湾に移され、現在も台湾に眠っています。

福岡市出身の明石元二郎第7代総督（『明石将軍』大道学館出版部、国立国会図書館蔵）

明石が短期間の在任中に着手した日月潭水力発電事業は、第一次世界大戦による経済不況や関東大震災による影響で10年間中断されましたが、松木幹一郎《かんいちろう》によって再興されて16年がかりで達成され、台湾の工業化を促しました。日月潭水力発電は、明治31（1898）年から39年までの8年8カ月間、民政長官として台湾の土台を築いてきた後藤新平が描く台湾インフラ整備のクライマックスともいえる大事業でした。

高木波恵先生のこと

私は戦前台湾で教師をしていた高木波恵先生のお宅を平成27（2015）年7月と9月、平成29年7月にお訪ねしました。高木先生は熊本県玉名市にお住いで、今年109歳になります。幸いお元気な様子で、台湾政府からの感謝状を受け取ってくださいました。

高木先生は約100年前の小学生の時に、警察官だった父親とともに玉名市から台湾に渡り、台中第一高等女学校（現・国立台中女子高校）を卒業。後、烏日《うじつ》公学校で昭和4（1929）年から10年間、国語の教師をしていました。終戦とともに日本に引き揚げましたが、帰国後も教え子たちのことが脳裏を離れないまま、長い年月を経た平成27年、台湾映画「KANO　1931海の向こうの甲子園」の日本公開で新聞社から取材を受けたことをきっかけに思い立って、昔の生徒に手紙を出しました。といっても、当時とは住居表示も変わっており、生徒がそこにいるかどうかも分からず、無事に届くのかどうか不安だったそうです。本来なら宛先不明で返送されてもおかしくありませんが、地元の熱心な郵便局員の努力でついに教え子の元に届けられ、知らせを聞いた約20人の生徒と、実に「80年ぶりの交流」を果たすという奇跡のようなことが起きました。

高木波恵先生（右）をお訪ねした
私と妻の張秀真（2015年）

平成27年9月8日、台中市政府と朝日新聞社、民間企業の協力により、玉名市の高木先生のご自宅と、かつて教師をしていた台中市の烏日小学校がテレビ中継で結ばれ、106歳の先生と90歳を超えた生徒たちが再会を果たしたのです。もちろん私たち夫婦も玉名に駆けつけ、通訳のお手伝いをさせていただきました。先生と生徒たちが感動のあまり涙を流す姿は、両国の多くの新聞、テレビなどで報道され、大きな反響を呼びました。

毎年玉名に高木波恵先生（左）を見舞う
蘇黄杏苑氏（右、提供＝高木波恵氏）

高木先生は彰化《しょうか》鹿港《ろっこう》小学校から台北第一女子中学校までの間、台湾の財界人で対中交渉窓口機関・海峡交流基金会の初代理事長を務めた辜振甫氏の姉・辜津治氏と同級生で、一番の親友でした。辜津治氏が生前の頃は、玉名の高木先生宅に宿泊したこともあります。今なおそのお嬢さん（辜振甫氏の姪）である蘇黄杏苑氏が毎年のように台湾から玉名市を訪れ、高木先生の長寿を祝い、「壽比南山《じゅひなんざん》」の額や絵画、写真を届けるなど、先生と緊密な関係を築いています。

また、高木先生の教え子のお孫さんたちも、テレビ対談以来、かわるがわる台中から玉名市のお宅を慰問しています。このような日台の民間レベルの絆は、これからも根強く、末長く続いていくものと考えますし、そうあって欲しいと願っています。

小さなきっかけが人と人の間、地域と地域の間、国と国との間を強く結ぶものと考え、

「縁份是很奇特又味道雋永的東西：台日兩國的縁份成為聯索、讓我們一起珍惜吧！（縁は異なもの味なもの、日台両国の縁を絆として、大切にしましょう！）」を提唱したいと思います。

私が台湾政府の代表として感謝状と記念品を贈呈した時、高木先生は台湾語を用いて「囉喇啦、囉喇啦　囉喇啦、囉喇啦（ロッラァ、ロッラァ）、謝謝、謝謝」とお礼を繰り返されました。その横で寄り添っている娘の高木恵子さん（78歳）は、6歳まで台中で過ごした湾生で、私の手を取って中華民國国歌を「三民主義、吾黨所宗……貫徹始終」と一字も間違えず、流暢な発音で歌ってくださり、感動しました。これからも高木先生が明るく穏やかな毎日を過ごされることを心から願っています。

九州は台湾に一番近いニッポン

以上に見てきたように、九州は台湾と長い時間を掛けて深い関係を築き上げてきました。これを「絆」というのだと思います。地図を見ても日本の中で台湾に一番近い位置にあり、福岡－台北間はわずか2時間あまりのフライトです。開けっぴろげな人情も似ていて、初めて九州から台湾へ行った旅行者も逆に台湾から九州に来た旅行者も「初めてのような気がしない」と言うくらい心が落ち着く場所だと思います。

このような九州で外交官としての仕事を締めくくれることに感謝するとともに、ぜひ九州から新しい日台関係をつくり上げて欲しいと思っています。

台湾に一番近いニッポンという、意識をもって、九州の先人が残してくれたものを、さらに高めてくださることを期待しています。

第3章

日本と台湾の心のつながり

暗黙知と日本精神

東日本大震災で発揮された暗黙知

平成23（2011）年3月11日に発生した東日本大震災において、日本人は秩序を失わず整然と行動し、あの悲惨な混乱の中においてさえ、他人を思いやる心を失いませんでした。これがほかの国であれば略奪や暴動が起きても不思議ではない状況であり、世界は日本人の品格の高さに驚かされました。昔から日本社会においては「暗黙知《あんもくち》」が出来上がっており、言われなくてもしっかり社会秩序を守る潜在意識が身についています。

暗黙知とはハンガリーの哲学者マイケル・ポランニーが提唱した概念です。言語化して説明可能な知識（形式知）に対して、言語化できない、たとえ言語化しても肝要なことを伝えようがない知識のことを言います。

評論家で作家の日下公人《くさかきみんど》氏は、自著や講演の中で暗黙知について何度も触れています。「日本人の底力、可能性について論じると、すべての力の源泉は『心のあり方』に帰結する。何を大切と思い、何を守りたいと思うか。それが『暗黙知』につながり、『中流』（庶民）の自立精神につながってくる」と。「暗黙知」とは、日本の庶民の世界にあるものであり、外国人には理解しがたいものだと思います。

東日本大震災当日の夜、首都圏ではＪＲや私鉄などの公共交通機関がストップし、都内だけで約12万人の帰宅難民が生じました。彼らは、東京都が用意した公共施設の避難所やターミナル駅などで夜を明かしましたが、店舗を開けたままにして、帰れない人たちの面倒を見た百貨店、飲食店も少なくありませんでした。高価な商品が並ぶショーケースのあるフロアも開放されましたが、盗難被害はなかったと言います。肝心なことは、経営者の指示やマニュアル、訓練がなくとも臨機応変に振る舞い、助け合った人々が大勢いたという事実です。

震災から1カ月半以上たった5月2日、津波到達の直前まで防災無線で町民に避難を呼びかけ続けた後、行方不明になっていた宮城県南三陸町の女性職員・遠藤未希さんの遺体が確認されました。24歳の若さでした。母親の美恵子さんは遺体発見前、「放送するのに精一杯で逃げられなかったのだろう。実際は怖かったと思う。しっかり頑張ったね。命を張ってまで」と、娘の死を覚悟したかのように話していたと言います（平成23年5月3日『スポーツ報知』電子版）。命懸けで避難を呼びかけた遠藤さんの姿は、敗戦によって途切れてしまったと思われていた日本人の健気さ、心意気が紡がれていることを感じさせます。

時事通信によれば、福島第一原発事故の収束作業に協力するため、「放射線の影響が小さい高齢者が若い人の被ばくを肩代わりする」として、72歳の元技術者が60歳以上の元技術者を対象に「福島原発行動隊」の隊員を募ったところ、630人が志願を表明、1500人以上が支援を申し出たと言います（10月30日配信）。

「また、被災地の避難所で、救助された年配の被災者がホッと一息つきながら『大津波が100年に1度来るものなら、それが私の時でよかった。孫の時代では孫が可哀想だから』としみじみ語るのをテレビ画面で見ましたが、これも己一個ではないという家族・同胞への思いが連綿と続く『命の絆』だと思います。

東日本大震災では、大勢の人が亡くなりました。死んだ人の『死に甲斐』は何でしょうか？　それは生き残った人が変わることだと思います。『絆』は死者と生者の間にもあるのです。震災はそれが時空を越えて水平方向だけでなく、垂直方向にもあることを改めて感じさせました。『暗黙知』はこういう絆の存在を感じるところに生じるのだと思います」（日下公人『「超先進国」日本が世界を導く』ＰＨＰ研究所）。

暗黙知を基礎にした庶民の強さ

もう少し日下氏の言葉を借りれば、人間社会には「隠された前提（価値）」＝「暗黙知」があって、かつての日本人はそれを知っていたし、今も知っている日本人はいるということです。日本には昔から庶民のための多くの私塾や寺子屋があり、庶民に「知」と「意」（意思・志・心意気）を教えていました。これは日本という国の大きな特長です。こうした庶民のポテンシャルによって明治の近代化が支えられ、突出した政治家がいなくても共同体の良好な維持、運営ができたのだと思います。

東日本大震災を契機に、日本は大きく変わり始めました。それまで日本の舵取りをしていた政治家や専門家の信用失墜があったものの、庶民の世界は昔から「理屈より常識」、「理論より実際」、「理想より現実」でした。時代の潮目がこのように変化すると、これまでの時代がいかに思い込みだらけであったかが見えてきます。学校で教わったことに代わって、子供の頃、父母、祖父母から聞いた話が復活してきます。日本人の暗黙知が蘇ってくるわけです。漢語や英語ではうまく表現できないその気持ちの盛り上がりは地下のマグマが上昇してきたように感じられます。暗黙知を備えた庶民が社会の主流を占めている限りは、「人に頼らずとも前向きに生きてゆける」という庶民の強さが、政治の非力を補って国を支え、指導者が偉大でなくとも日本は大丈夫な国なのだと思います。

日本精神と台湾

八田與一と日本精神

八田與一と言っても今の日本ではピンとこない人が多いかもしれませんが、台湾では嘉義台南平野の農業水利事業に貢献した人物として、60万人の地元の農民から神の如く祀られ、その功績と精神が後世に伝えられています。八田がつくった烏山頭《うざんとう》ダムとともに、永遠に台湾の人々から慕われ、その功績が讃えられることと思います。

八田與一は明治19（１８８６）年に石川県金沢市に生まれ、第四高等学校を経て明治43年に東京帝国大学の土木工学科を卒業しました。卒業後まもなく台湾総督府内務局土木課に勤め、56歳で亡くなるまでのほぼ全生涯を台湾で過ごし、台湾のために尽くしました。明治29年、日本の領土になった頃の台湾は人口約３００万人、社会の治安は乱れ、アヘンの風習、マラリアやコレラなどの伝染病が発生し、きわめて近代化の遅れた土地で、3代までの台湾総督は抗日ゲリラ討伐に明け暮れた時代でした。第4代の児玉源太郎総督が民政長官の後藤新平を伴って赴任した明治31年以降に日本による台湾の開発が大いに発展しました。八田與一が台湾に赴任するのは、後藤新平時代が終わった明治39年以降のことです。

後藤新平時代に台湾の近代化が大いに進んだとはいえ、以前があまりに遅れていたこともあり、八田が精力を傾けることになる河川水利事業や土地改革はまだ遅れていました。台湾に赴任してまもなく、台北の南方、桃園《とうえん》台地を灌漑する農業水路の桃園大圳《たいしゅう》の調査設計を行い、大正5（1916）年に着工、大正10年に完成しました。灌漑面積は3万5000ヘクタールでした。これが今日の石門ダムの前身です。

また、昭和5（1930）年には、当時東洋一の灌漑土木工事として、10年の歳月と当時のお金で5400万円の予算をかけて烏山頭ダムと嘉南大圳の工事を完成させました。これにより、不毛に近かったこの15万ヘクタールの地域で毎年8万3000トンの米と甘蔗（サトウキビ）、そのほかの作物が収穫できるようになりました。八田はなんと44歳の若さでこの事業を完成させました。嘉南大圳の完成は世界の土木界に驚嘆と称賛の声をもって迎えられ、「嘉南大圳の父」として60万農民から畏敬の念に満ちた言葉で讃えられました。

今、私たちの住む人類社会は未曾有の危機に直面しています。平成27（2015）年の初め「イスラム国」が二人の日本人の人質を殺害したニュースが世界をかけめぐり、我々は驚愕しました。人類社会が今直面している恐るべき危機状態を乗り切っていくために、絶対に必要不可欠な精神的指針は、日本精神《ジップンチエンシン》ではないでしょうか。

ところが、誠に残念なことに昭和20（1945）年以後の日本において、このような何ものにも代え難い日本精神に特有の指導理念や道徳規範が全否定されました。日本の過去はすべて間違っていたという「自己否定」、「一億総懺悔」的な行為へと走っていったのです。

李登輝元総統は「日本の過去には政治、教育や文化の面で誤った指導があったかも知れないが、素晴らしい面も沢山あったと今も信じて疑わない」とし、「台湾で最も愛される日本人の一人、八田與一氏は日本精神の表れだ」と述べました。

八田與一は技術者として抜群に優れていたばかりでなく、人間としても優れていました。肩書や人種、民族の違いによって差別しませんでした。天性のものかもしれませんが、これを育んだ金沢という土地、いや日本という国でなければ、かかる精神はなかったと思います。八田の生涯と事績を振り返ることで、彼の持つ日本精神の一端が見えてきます。

その第1は、日本を数千年の長きにわたって、根幹からしっかりと支えてきた気高い形而

嘉南の大地15万ヘクタールを潤す烏山頭ダム（提供＝美好寶島社）

上的価値観や道徳観。

国家百年の大計に基づいて清貧に甘んじながら、未来を背負って立つべき世代に対して「人間いかに生きるべきか」という哲学や理念を八田は教えてくれたと思います。「公に奉ずる精神」（滅私奉公）こそが、日本および日本人本来の精神的価値観であると言わなければなりません。

第2は、伝統と進歩という一見相反するかのように見える二つの概念を止揚すること（結合し高めること）。

現在の若者はあまりにも物質面に傾いているため、皮相的な進歩にばかり目を奪われ、その大前提となる精神的な伝統や文化の重みが見えず、これができないのだと思います。

八田はこれをやり遂げました。

嘉南大圳工事の進展過程では絶えず伝統と進歩を適切に調整しつつ工事を進め、大型機械を投入するかたわら、それに慣れない人には人海戦術による工事の仕事を与えました。

また、ダムの水を配分する際も、一部の地域・農民だけが恩恵に浴するのではなく、できるだけ多くの人が恩恵を受けられるように考え、「三年輪作灌漑」を施工しました。すなわち、5万ヘクタール分の水しか供給できない現実に対処して、15万ヘクタールの土地を5万ヘクタールずつ3分割して、それぞれの地域に稲作とサトウキビ栽培と畑作の3種を1年ごとに順番に行わせることにしたのです。稲には大量の水が必要ですが、サトウキビはさほど必要ではなく、芋などの畑作にいたってはほとんど必要ないため、それぞれの地域に3年に1度だけ十分な水を供給することで全ての地域が平等にダムの恩恵を受け、収穫も増え、水不足にも陥らないようになりました。

農民を思いやる彼の心の中にはいつも「公義」すなわち「ソーシャル・ジャスティス（社会正義）」がありました。日本精神という本質に、この公義が加わってこそ、八田は台湾人の国民的支柱になれたのだと思います。

第3は、「義」を重んじ、「誠」をもって率先垂範、実践躬行する精神が脈々と存在してい

八田與一の像と八田夫妻の墓（提供＝美好寶島社）

ること。

これこそが八田夫妻が今でも台湾の人々によって尊敬され、大事にされる理由だと思います。日本精神の良さは口先だけではなく「実際に行う」、「真心をもって行う」ところにこそあるということを忘れてはなりません。今や人類社会は、好むと好まざるとに関わらずグローバリゼーションの時代に突入していますが、こんな状況の中では、「私は何者なのか？」というアイデンティティーがより重要なファクターになってきます。

この意味において日本精神という道徳体系はますます不可欠な土台になってくると思うのです。そしてこのように歩いてきた日本人の偉大な先人である八田與一のような人物をもう一度思い出し、学んで生活の中に取り入れていって欲しいと思います。

八田は昭和17年3月、陸軍から南方開発派遣要員として招聘されます。その年の5月7日、1万4000トンの大型客船・大洋丸に乗ってフィリピンへ向かう途中、アメリカの潜水艦の魚雷攻撃に遭い、大洋丸は沈没。八田は遭難し、帰らぬ人になってしまいました。享年56。3年後、妻の外代樹《とよき》は、戦争に敗れた日本人が一人残らず台湾から去らねばならなくなった時に、烏山頭ダムの放水口に身を投じて夫の後を追いました。享年46。

嘉南大圳の工事では10年間に134人もの人が犠牲になりました。嘉南大圳完成後に殉工碑が建てられ全員の名前が台湾人、日本人の区別なく刻まれています。

八田氏の命日にあたる5月8日には、地元の人によって慰霊祭が毎年催され、近年整備された八田與一紀念公園には、與一・外代樹夫妻の墓も設置されました。その除幕式には八田與一の長男の嫁にあたる方が一族を代表して出席されるなど、交流は脈々と受け継がれています。

統治時代の日本の教育

最近、台湾で「KANO　1931海の向こうの甲子園」という映画が大ヒットしました。

「ＫＡＮＯ」こと「嘉農」は正式名称を「嘉義農林学校」と言い、昭和６（１９３１）年、同校の野球部は台湾代表として甲子園に初出場し、準優勝を果たしました。映画館を出た観客は、老若男女にかかわらず皆感動の涙をぬぐいながら劇場を後にしたと評されるほど、台湾で大きな反響を呼びました。

　映画は実話をもとにしてつくられており、指導者の近藤兵太郎監督は日本人、本島人（台湾人）、台湾原住民からなる混成チームを、それぞれの強みを分け隔てなく生かしながら一つにまとめ上げ、弱小だったチームを生まれ変わらせました。「『球は霊《たま》なり』だ」。「精神をボールへ込めろ。魂の入っていない野球はするな」といった監督の熱のこもった指導により、甲子園への切符を手にし「ＫＡＮＯ」旋風を巻き起こすというストーリーです。

　「日本の植民地時代を美化しすぎている」という批判もありましたが、「Ｋ

映画になったKANOのポスター

1932年四位畢業生，左起為陳耕元、呉明捷、蘇正生、拓弘山

一 二 三 四 五 六 七 八
1 2 3 0 1 1 0
0 0 0 4 2 0 0
KANO

KANO 故事館の展示

ＡＮＯ」を通して日本の教育は素晴らしかったということが分かりました。

台湾が中国に飲み込まれようとしている現在、台湾人が顧みるべきは、この映画で描かれているような日本精神であると思います。この日本精神に触れることを通して、台湾人は中華思想の呪縛から改めて脱し、「公」と「私」を区別する武士道的な倫理観に基づいた民主社会を確立しなければならないと思います。


「日本精神」の表れの一つとも言える「武士道」は、「拚命《ピャミャ》」「全力を尽くして事に当たる」「命を懸けて行動する」ことの象徴です。「拚」は台湾語で「全力を尽くす」の意味で、「打拚」というと「倦まずたゆまず頑張る」すなわち「勤勉」に通じる言葉です。

日本の近代教育を受けた台湾人が戦後、中国文化を目にしました。この時、台湾人は日本精神の優位性を見出したのです。そして自ら選んで武士道で精神を武装し、内外の厳しい環境を生きようとしているのです。彼らの日本精神は生活の一つの知恵であり、台湾人の魂として生き続ける新たな精神文化なのです。私の母は、昔の日本人の先生は日本精神で接してくれたと言いました。だから戦後生まれの私たちも、多少なりともその日本精神に染まっているのです。

台湾に息づく日本精神

中国の古典『漢書《かんじょ》』に「禮失求諸野」（礼失われてこれを野に求む）というものがあります。日本精神とは、もともと日本人が持ち合わせた素養と気質ですが、残念ながら、今日の日本社会においては次第に失われつつあり、むしろ野（外国）である台湾で大事にされているのではないかと常々思っています。

台湾人が日本統治時代に学んだ日本精神は、戦後、ある意味で台湾で純粋培養されました。それは、台湾に根付いた武士道であり、自分たちの素養や気質として、誇りにしてきました。この精神があったからこそ、戦後の中国文化に完全に呑み込まれることなく、現在の近代社会が確立されたと言えるのではないかと思っています。

台湾で言われている「日本精神」とは、すなわち日本の「武士道精神」です。武士道は封建社会で武士が守るべきこととして要求され、教えられた倫理・道徳体系です。世界に誇る日本精神の結晶とも言うべき武士道が生まれたのは、日本で営々と積み上げられてきた歴史、伝統、哲学、風俗、習慣があったからこそだと、『武士道』を著した新渡戸稲造は言っています。現在の日本を悩ませている学校の荒廃や青少年の非行、凶悪犯罪の増加、政治家の質の低下、指導者層の責任転嫁といった国家の根幹を揺るがしかねない問題は、武士道という

新渡戸稲造（『新渡戸博士追憶集』国立国会図書館蔵）とその著書『BUSHIDO The Soul of Japan』

道徳規範が国民精神の支柱となっていた時代には少なかったことではないでしょうか。

私が今、声を大にして「武士道精神を再評価しよう」と言うのは、日本人本来の精神的価値観を今一度想起して欲しいと切望するからです。民族固有の歴史とは何か、伝統とは何かということをもう一度真剣に考えて欲しい。そうして日本文化の優れた精神性を外国人や今の若い日本の人々に知って欲しいからです。

過去半世紀にわたって日本と歴史を共有してきた台湾において、前述したように日本精神が、勤勉や正直、約束を守るなど、諸々の良いことを表現する言葉としていまだに使われています。台湾人が最も尊ぶ日本統治時代の遺産は、ダムや鉄道などの物質的なものだけではなく、常に「公《おおやけ》」を考える道徳教育などの精神的な遺産なのです。日本が遺したこの精神的遺産を基盤に台湾社会は近代化を成し遂げ、発展したとも言え、今後も誇らしく受け継いでいくことでしょう。それ故に台湾人は、ほかのどの国よりも日本を愛し尊敬し続けているのです。

なぜ日本人は台湾でそれほどまでに尊敬されるのか。それは八田與一を含め、私益よりも公益を思う精神を持った人物が育っていたからです。昔の日本には軍人勅諭や教育勅語などをもとに、しっかりとした教育システムがあったからこそだと思います。

明治28（1895）年から昭和20（1945）年までの間の台湾における教育では、知識の伝授とともに、精神的な支柱として、嘘をつかない、不正なことはしない、自分の失敗を他人のせいにしない、自分のすべきことに最善を尽くすという日本精神が教え込まれました。日本精神の浸透によって治安が良くなり、安心して生活ができる社会が実現したのです。今も戦前の台湾に郷愁を感じる多くの年配者、哈日族《ハーリー》と称される日本ファンの若者たち、世代を問わず多くの台湾人が日本に好意を寄せ、愛し続けているという現実を、日本人はどう受け止めてくれているのでしょうか。

心のあり方

「芝山巌精神」について

日本は明治28（1895）年6月に台湾総督府を開庁し、その直後の7月に、「教育こそ最優先すべきである」として台北郊外の芝山巌《しざんがん》に最初の国語学校（日本語学校）「芝山巌学堂《しざんがんがくどう》」を開校しました。現在、芝山巌は台湾教育発祥の地とされ、「六氏先生」の慰霊碑が建立されています。第2章「六氏先生」の項で触れましたが、「六氏先生」というのは、匪族《ひぞく》に襲われて殺された6人の日本人教師のことです。危ないことが分かりながらも決して逃げることのなかった教師たちの責任感と勇気は、教育者の模範として受け止められ、多くの人から敬《うやま》われました。戦前の日本人は勇気と責任感を持ち、「六氏先生」はその象徴的存在でした。この「勇気と責任感」こそ、日本人が台湾で尊敬された最大の理由であると私は思っています。

「日本精神」を突き詰めれば「勇気と責任感」に集約されるのではないかと常々思うのです。教育に命をかけた「六氏先生」の話は台湾ではよく知られており、慰霊碑には今も献花が絶えません。この事件から「命を懸けて教育にあたる」という意味の「芝山巌精神」という言葉が生まれました。まさしくこの「芝山巌精神」こそが、台湾に生き続けている「日本精神」なのです。

先に述べた台湾の諺「十年樹木、百年樹人」にあるように、人材育成は大変重要であり、昔の日本人が素晴らしかったのは、教育が良かったからではないかと思います。

「暗黙知」と「日本精神」と「芝山巌精神」

暗黙のうちに了解する術《すべ》「暗黙知」。日本人特有の尊い価値観「日本精神」、命を懸けて教育にあたる「芝山巌精神」。

これらのどれもが、かつて日本の道徳的規範であった武士道の精神に通じ、その根源は同じだと思っています。日本には営々と積み上げられてきた歴史、伝統、哲学、風俗、習慣があり、国を支えた土壌には、神道や儒教、道教や仏教の教えが厳然と生きていました。前述の日下公人氏の言葉を借りれば、日本人は暗黙のうちに了解する術を得て、それは説明できないこと、論理として立てられないことにも意味や価値があり得るという奥行き、複雑性や多様性のある考え方をもたらしました。命は大切だが、それを懸けても成し遂げなければならないことが人生にはあり得ること。秀才ではない普通の庶民がこうした徳をわきまえていたのが日本人の歴史にあるのです。

「暗黙知」と「日本精神」と「芝山巌精神」の根源は、こういった「心のあり方」にあるのではないでしょうか。現代においては見えにくくなっているかもしれませんが、日本人の長い歴史の中で、父母・祖父母から子や孫へ、それらは脈々と日本人の中に確かに受け継がれているものであると思っています。

素晴らしい日本人

日本人の凄いところは、何かを研究する時にとことんやることだと思います。研究熱心なのです。例えば外国の良いものを取り入れる時、日本人はそれを自分のものにして、さらに改良を加えてまた別のものをつくってしまいます。これは良いと思ったら、グループで一生懸命研究してその原理を求め、自分でまたそれに基づいた研究を進めて、さらに別のものをつくるのです。私はそこが立派だと思います。お金と時間をかけてでも新しいものにチャレンジするところも素晴らしいと思います。さらにもっと大事なことは、日本人はチャレンジしたものを公にして皆で研究するところです。ものづくり現場における生産性向上を目指す

ＱＣサークル活動（クオリティー・コントロール・サークル活動）などはその典型と言えるでしょう。

また、緊急時には皆で力を合わせて、一つの食べものを人数分に分けあって食べるという心も持っています。昔から自分だけがいっぱい得られれば良い、自分だけが大きくなりたい、餓死したくない、という人は少なかったようです。この点は台湾人も同じで、我慢してでも一口のものを半口に減らして人と分け合う心を持っています。

また日本人は「けじめ」を重んじます。「はい」といったことは最後まで全うします。日本人は、必ず約束を守ります。そのように私たちは日本人を見てきました。

このような考え方の根底には、生かされていることをお天道様に感謝し、お天道様に恥じないように生きようという素朴な宗教心があるのだと思います。これは特定の宗教というより、儒教の精神とでも言うべきものだと思います。

日本精神こそが、日台を結ぶ強い絆

本書で取り上げている台湾の近代化に貢献した人々に共通することは、日本精神を体現した人物ということです。その日本精神は今でも台湾に息づいています。台湾と日本、両国民が持ち合わせているこの日本精神こそが、両国を結ぶ目に見えない強い絆であるといえるのではないでしょうか。

日本人が日本精神を失わない限り、日本は世界のリーダーとして発展していくことができると私は信じています。日本の方々には是非、日本精神つまり、武士道を取り戻して欲しい。そして日本にも台湾にも、この日本精神が脈々と継承され、そしてお互いがますます輝いてもらいたい。日本精神という絆で結ばれた日台がこれからも切磋琢磨し、一層緊密な友好関係を築いていけるようにと、強く願ってやみません。

台湾人は日本に対して常に関心を持っており、日本がもっと強くなり、国際社会の中でその存在感を示して欲しいと思っている台湾人が大勢いると思っています。民主党に代わって政権を取り戻し、その後、紆余曲折を経ながら安定した政権基盤を維持している安倍総理は、日台間で懸案の漁業協定の締結にこぎつけ、歴代の日本の政治指導者が見せてきた「中国第一」の意識にとらわれることがありませんでした。フェイスブックでは台湾のことを「大切な日本の友人」と呼び、台湾からの支援に対する感謝を書き込み、多くの台湾人は心から喜びました。これらの事実はここ四十数年にわたって日台間に存在した内面的な関係を具体的な形で示したものといえるでしょう。

中国の脅威に対抗し、日本と台湾の安全と繁栄を確保するためにも、日台の経済関係を安定させ、文化交流を促進し、日本と台湾の間の絆を強めていくことが不可欠だと私は考えています。「台湾と日本は運命共同体である」というテーマをどう認識し、どう発展させていくか。両国民が力を合わせ、取り組んでいって欲しいと思います。

台湾の近代化に足跡を残した日本人

日本精神をバックボーンにして台湾の近代化を進めた日本人には、これまで述べてきた以外にも大勢の人々がいます。その一部を紹介します。

飯田豊二

飯田豊二技師は明治7（1874）年に静岡県で生まれました。明治44年、38歳の時、台湾南部の高雄市と屏東《へいとう》県の境を流れる高屏渓《こうへいけい》にかける下淡水渓鉄橋《かたんすいけいてっきょう》を設計し、架設工事に携わりました。工事中に何度も見舞われた豪雨や増水への対処など、寝食を忘れるほど仕事に没頭し続けましたが、マラリアに倒れてしまい、大正２（１９１３）年の６月に、鉄橋の完成を見ることなく40歳で亡くなりました。その功績を讃えて建てられた飯田技師の記念碑は、今でも下淡水渓鉄橋を見守り続けています。

進藤熊之助

進藤熊之助技師は明治７（１８７４）年に茨城県で生まれました。明治32年、25歳で台湾に渡り、困難を極めた阿里山森林鉄路《ありさんしんりんてつろ》の測量と建設に携わり、情熱を傾けました。その優秀な仕事ぶりが認められ、阿里山作業所の技手から技師に昇格するも、大正３（１９１４）年２月、鉄道修復工事中に材木運搬車が脱線して重傷を負ってしまい、数日後に息を引き取りました。40歳でした。彼は優れた技術を持つだけでなく誠実で勤勉な技術者で、私利私欲を捨てた働きは多くの人の心を打ちました。その功績を讃えるために３５０人の有志によって寄付金が集められ、嘉義公園内に記念碑が建てられました（昭和10［１９３５］年に二万坪駅近くに移転）。

日月潭発電所全景（提供＝土木図書館）

松木幹一郎

松木幹一郎《かんいちろう》技師は明治5（1872）年、愛媛県に生まれました。後藤新平の信頼も厚く、昭和4（1929）年57歳で台湾電力の社長に就任し、松本は中断していた日月潭の水力発電事業を再開させ、精力的に工事に携わりました。自ら歩いて実地調査を行い、昭和9年、ついに当時アジア最大の発電量となる水力発電所を完成させました。日月潭第一発電所と第二発電所の完成のため尽力し、昭和14年、67歳の時に、脳溢血で急逝しました。過労と言われています。1年後の昭和15年には、その功績を讃えて日月潭に銅像が建てられました（戦時の金属供出により銅像は失われ、現在の胸像は新しいものです）。

後に日月潭第一発電所は大観水力発電所と改名されましたが、その発電量は現在でも台湾

日月潭発電所の取入口および洪水路（提供＝土木図書館）

の水力発電全体の半分以上を占め、この発電所がなければ今の台湾はないと語り継がれており、「台湾電力の父」と言われています。
　そのほかにも左記の日本人が台湾の近代化に大きな足跡を残しました。

小川　尚義：『台日大辞典』の編纂（愛媛県松山市生まれ）
中島　力男：八田與一の跡をつぎ、烏山頭ダムの水利管理を行った（大分県宇佐市生まれ）
鈴木藤三郎：台湾製糖株式会社初代社長、氷砂糖の製法を発明（静岡県森町生まれ）
浜野弥四郎：上下水道建設による衛生環境の

改善（千葉県佐倉市生まれ）
磯田　謙雄《のりお》：台中の水利事業に貢献し、「白冷圳の父」と呼ばれた（石川県金沢市生まれ）
新井耕吉郎：台湾の紅茶産業の礎を築いた「台湾紅茶の父」（群馬県田沼市生まれ）

「日本精神」――台湾と日本での意味の違い

以上に挙げた人たちは皆、公のために私心を忘れ、自己を犠牲にし、公の利益を達成することに努める精神をもっています。人は公私をはっきり分けるべきであり、私利私欲に惑わされて、家庭、団体、社会や国家にまで不幸をもたらすことがあってはなりません。正しい考えを持つ人は、多くの人々の幸福や利益のために自我を捨て、自分の利益を犠牲にする必要があるのです。人間にとって「公」と「私」をわきまえることは非常に重要なことなのです。

李登輝元台湾総統の著書『「武士道」解題――ノーブレス・オブリージュとは』は日本でも平成15年（2003）年に出版され、話題になりました。なぜ「解題」なのかという点からも、武士への敬慕は日本人だけのものではないことが分かると思います。武士道はアジア共通の精神的遺産だと思います。

しかし、当の日本では、この言葉に何を感じるでしょうか。軍国主義、右翼、侵略、虐殺などといった自虐的イメージしか浮かばないのではないでしょうか。

台湾で古き良き日本精神が語り継がれ、日本ではマイナスイメージばかり……。そのため、現在では、日本語の「にっぽんせいしん」と、台湾語で言う「ジップンチェンシン」とは意味するものがまったく違うという現象が生まれています。

第4章

未来へつなぐ日台の固い絆

「日本語族」と「湾生」

台湾の「日本語族」と日本の「湾生」

これまでにも述べましたが、台湾の「日本語族」とは、明治28（1895）年から昭和20（1945）年の日本統治時代の50年間に、日本人として台湾で生まれ、日本語で教育を受けた人たちのことです。台湾の李登輝元総統も、生まれてから22歳まで日本人だったことを公言しています。彼らは当時、日本人の教師から「武士道精神」を学び、大きな影響を受けて育ちました。その精神は後に、自分たちの素養や気質を表す言葉として、誇りを持って「日本精神《ジップンチエンシン》」と呼ばれるようになり、長い間、ある意味台湾で純粋培養されてきたものだと言ってもいいと思います。日本語族の中には、戦後72年が経った今も、日本語でものを考え、日本語で筆記をする人が沢山います。

一方、同じ50年の間に多くの日本人が台湾に渡り、近代化に貢献しました。彼らが台湾で結婚し、もうけた子供たちのことを「湾生」と言います。湾生たちは、台湾で生まれ育ち、台湾で青春期を過ごしました。彼らにとって台湾はまさしく故郷であり、戦後、彼らは日本

「私も湾生です」と駆け寄ってくれた方々

大勢の「湾生」がいる熊本県台湾の会

に帰国してからも、台湾のことを故郷として想い続けています。

台湾の「日本語族」と日本の「湾生」は、過去半世紀にわたって歴史を共有し、両国の歴史に非常に深く関わっているのです。

ドキュメンタリー映画「湾生回家」

2016年1月、台湾で「湾生回家《かいか》」というドキュメンタリー映画が上映されて、大きな反響を呼びました。映画は、湾生である日本の老人が六十数年ぶりに台湾の郷里を訪ねるというストーリーです。日本の敗戦後、台湾にいる日本人は、台湾生まれであっても強制的に日本に送還されました。その数は軍人・軍属合わせて50万人近くに上り、そのうち湾生は約20万人。その中の約2万人が九州人と言われています。九州・山口で大勢の湾生にお会いすることができたのは、大変嬉しい出来事でした。あるところで私の講演を聴いてくださった方が、嬉しそうに「私は湾生です」と駆け寄ってくれた時のことが、今でも忘れられません。

戦後72年が過ぎた今でも、台湾の「日本語族」は日本時代やその教育を懐かしみ、日本の「湾生」は故郷・台湾を想い続け、それぞれの民間交流を続けてきました。1972年に断交し、外交関係をなくしてからも、日本精神という強い絆で結ばれた両者は、日本と台湾の各地で草の根交流を着実に積み重ね、今日の両国の友好関係の礎を築いてきたと言っても過言ではありません。１９９９年、台湾中部で大地震が起きた時には、日本は世界に先駆けてその日のうちに最大規模の国際消防救援隊を派遣し、世界中で一番多くの義援金を贈ってくれました。台湾人はその恩義と友情を忘れたことはありません。２０１１年に東日本大震災が起きた時には、台湾からは２５０億円もの義援金を贈りました。これはほとんどが民間の人々から贈られたものです。２０１６年２月の台湾南部地震、同年４月の熊本地震、２０１８年２月の花蓮地震が起きた時にも、両国民は自分の国で起きたことのように心を痛め、慰問、義援金贈呈、救援活動などが自然発生的に真心から行われました。台湾と日本の心と心はつながっている。そしてその絆はますます強くなり、切っても切れないものとなっていると感じています。

映画「湾生回家」のポスター

「中国史」教育から「台湾史」教育へ

認識台湾

今、「世界一の親日国」とされる台湾ですが、李登輝氏が総統に就任するまでの国民党政権下においては、8年におよぶ日中戦争の後遺症から日本のことを仇《かたき》と意識した教育が施されていました。しかし、これは日本にとってだけでなく、もともとの台湾の人々にとっても不幸なことでした。それがお互いの間で不信感を広げる結果をもたらしました。

韓国の教科書は日本に関する記述のウエイトが高いのですが、自分たちは仏教を伝えてあげた、文化を伝えてあげたと強調する一方で、日本はわが国に酷《ひど》いことをしたと書いています。それでいながら学校は誰がつくったか、水道がいつ引かれたか、植林は……といった近代化についてはまったく触れていません。このような教育を受けた韓国の若者は、それこそ生涯反日の意識から逃れられないかもしれません。不幸なことだと思います。

自国の歴史を学習することは当然のことと思っているでしょうが、日本統治時代が終わってから（すなわち終戦後）の台湾では、中国5000年の歴史ばかりが教えられ、教科書には台湾の歴史や文化に関する記載はほとんどなく、特に日本統治時代のことについてはすべてが否定されていました。現実に台湾が歩んできた歴史については、全くと言っていいほど教えられなかったのです。この状況は李登輝氏が総統に就任するまで続きました。

日本統治時代に旧制高等学校で学んだ李登輝元総統はこう振り返っています。当時の東洋史の先生は、中国5000年の歴史のほとんどを1時間で終えてしまったと。あとは、1840〜1842年に清とイギリスの間で起こったアヘン戦争と、その結果、香港の割譲と賠償金の支払いを強いられたこと、およびその後のことを「中国100年の嘆き」と言って情熱的に語ったそうです。

そんな過去の体験も踏まえて、李登輝総統は1997年、学者を総動員して『認識台湾』という新しい教科書を編纂しました。台湾のなかで自分は本省人だ、外省人だ、いや原住民だ、などと区別しているようでは、台湾人としてのアイデンティティが育つわけがありません。李登輝総統は、台湾の真実の歴史を学ぶことによって、国民がそれまでの認識を改め、統治権を失った中国大陸で選挙されて以来改選のない「万年国会」や、それまでの中華民国憲法による〝正統性〟に基づいた「法統」の支配と呪縛から脱した、主体性のある民主国家、台湾のアイデンティティを確立しようとしたのです。

台湾人家庭における「口耳相傳」

国民党政権下において、どのようにして日本精神の良さが受け継がれてきたのか。それは「口耳相傳《こうじそうでん》」（口伝え）です。台湾全体の7割を占める台湾人家庭では、父母から子へ、祖父母から孫へと日本のことが脈々と語り継がれてきたのです。日本統治時代を知る「日本語世代」は、日本の良いところを子や孫に聞かせ、祖父母や親からの愛情とともに口伝い、耳伝いで記憶に刻まれ、日本への親近感を自然に身につけたと言っても過言ではありません。そういった「口耳相傳」こそ、最も影響があり、強い効力を持つものではないでしょうか。

1994年の台湾映画に「多桑」という作品があります。年配の日本語世代をテーマにしたこの映画は実話を元にした作品で、台湾で大ヒットしました。「多桑」と書いて「トーサン」、つまり日本語の「父さん」のことで、戦後世代の呉念真《ごねんしん》監督が日本語世代の父親を描いたものでした。日本びいきの父親の夢は、日本に行って皇居と富士山を見ることでした。司馬遼太郎は、その著書『台湾紀行』の中で「1945年に分離するまで、そこで生まれて教育を受けた台湾の人々が、濃厚に日本人だったことを、私達は忘れかけている」と述べています。また、李登輝元総統は「22歳までに受けた教育はまだ喉元まで詰まっている」と言っています。

日本人は台湾に2つの遺産を残してくれました。ひとつは、インフラや産業などの社会基盤。もうひとつは、武士道を基盤とした大和魂と「明治の精神」です。敗戦後の日本で忘れられてきたもの、忘れさせられてきたものが、むしろ台湾で綿々と語り継がれている事実に、日本人は目を向けなくてはなりません。先に述べたように、この大和魂と明治の精神がおそらく今の台湾の人々の日本好きの底流にあるのです。

新しい歴史教育を受けた台湾人像

李登輝総統時代の台湾では「台湾アイデンティティー」の構築を意図する政策が数多く登場しました。それまでは大陸のことばかりに重点が置かれていた小学校のカリキュラムに、台湾の歴史と地理、そしてルーツ探しの課程が加わり、高校の国語でも、いわゆる古文の比率を下げたり、中国文化基本教材（中国の歴史）を必須科目から外したりしました。国家試験においても、歴史・地理の範囲を台湾に限定させました。

そして何より、これまで教わってきた「台湾は辺境だ」という過去の認識を改め、地図の中心に据え、そこから世界を眺めるようにしました。「台湾は属国」といった勝手な設定から脱却し、台湾の主体性の確立を急がなければならなかったのです。実際、中国に重きを置いたそれまでの教育の結果、万里の長城のことは知っていても、八田與一による嘉義台南の烏山頭ダムや1万6000キロの灌漑水路を誰がつくったかを知らない、中国の歴代皇帝の名前はスラスラ言えるけれど、台湾で一番高い山はどこか知らない、というような現象まで見られたのです。

台湾の新しい歴史教科書『認識台湾』は客観的事実として日本人が遺したものを記しています。良いことだけではなく、悪いことも含めて歴史的事実を直視しました。だからといって日台関係がこじれることはありませんでした。ことに、新しい教育を受けた35歳以下の人々、これから未来を背負って立つ人々が歴史的事実を素直に受け止め、ゆがんだ歴史観に囚《とら》われなくなったことが素晴らしいと思います。

地方が担う「地に足がついた」交流

地方主体で進む交流

日台両国の実質的な関係は、昭和47（1972）年の断交以来、今が最も緊密かつ良好であると言えます。それは国レベルの関係と同時に地方自治体間の交流がこれまでになく盛んになっていることからもうかがえます。地方同士の関係は、国レベルの関係性をより深め、促進する効果を持ちます。

駐福岡辦事處は、ここ3年の間、次の友好交流協定の推進をしてきました。

・高雄市・熊本県・熊本市の三者の友好交流協定（平成25年9月9日締結、平成28年10月19日再締結）
・台中市と大分県の友好交流協定（平成28年9月8日締結）
・新竹県と宮崎県の友好交流協定（平成29年2月21日締結）
・桃園市と宮崎県の友好交流協定（平成29年10月5日締結）

です。それぞれ、高雄市の陳菊市長、台中市の林佳龍市長、新竹県の邱鏡淳県長、桃園市の鄭文燦市長ら、台湾の自治体の長が来日し、積極的に「地方外交」を行ってきました。

これらの自治体間の友好交流協定締結は、九州と台湾の間の観光、文化、芸術、学術、スポーツ、青少年の交流や経済貿易や産業の協力・交流の著しい発展につながりました。双方の人的往来を促進し、民間企業のビジネスチャンスを生み、利益をもたらしてきたのです。双方このような地方自治体間の交流は日台両国の実質的な関係を築き、双方に利益をもたらすwin－win の関係を構築しました。

地方自治体の交流は国レベルの交流の起爆剤となる。これは、近年の日台両国関係発展の新しいモデルです。近い将来、福岡県と鹿児島県の自治体は、次々に台湾の地方自治体と友好交流協定締結を行うことが見込まれており、私たちは良い方向への発展を期待しています。

また、全国市長会会長で防府市の松浦正人市長は、平成29（２０１７）年10月6日に開かれた駐福岡辦事處主催の１０６年國慶祝賀レセプションにおける挨拶で「現在日本の地方自治体はすでに台湾の15の県市と姉妹都市関係を締結しているが、全国８１４市の市長会会長として、日台両国の地方都市交流を一層進めるため、自ら尖兵として率先して全力を尽くす決意である」と述べられました。

国交のない現在の状況下においても、日本全国の自治体の首長は、近年次々に台湾を訪問して、観光、文化、スポーツ、産業の各分野の交流を推進しています。同様に台湾22県市の首長もまた、日本の多くの地方自治体を訪問し、観光、サイクリング活動、文化、スポーツ、産業などの交流協定や各分野の協定を結びました。また、より幅の広い友好交流協定を結ぶ例も少なくありません。これらは実質的に姉妹都市関係と同等のものであるといえます。このような日台両国の地方都市の交流関係の緊密さは、国レベルの交流を超えるものといえるのではないでしょうか。このような地方交流こそ「地に足がついた交流」であり、その根底

心強い決意を述べる日本全国市長会会長松浦正人氏

には、昔からの強固で深い絆の基盤があるからだ確信しています。

私が着任して以来5年間で、台湾と日本の地方自治体間では50の交流協定または覚書が締結されました。平成29年8月には、日台の地方議員から構成される「台日交流サミット」が熊本市で開催され、平成30年7月には初めて台湾の高雄市で開催されることになり、日本からも多くの地方議員の出席が予定されています。

日本の地方の特色ある文化イベントは、多くの台湾人観光客を魅了しています。同様に台湾にも多くのイベントがあるので、ぜひ日本の皆さんに体験していただきたいと考えています。毎年元宵節（旧暦1月15日前後）に盛大に開催されるランタンフェスティバル。今年は嘉義県がメイン会場でした。平成30年の秋から来年の春にかけて台中市で始まる「台中フローラ博覧会」（花博）の開催。また、客家文化の魅力が詰まった「台三線客家ロマンチック街ふれています。

道」や、台湾全島を自転車でぐるっとまわる「環島ツアー」など、魅力のあるイベントであ

九州と台湾の活発な人的交流

日台両国の人的交流は大変活発です。平成29（2017）年に訪日した台湾人は456万人、訪台した日本人は約190万人、合計で約646万人もの往来がありました。ここ3年間、訪日の台湾人は毎年30万人ずつ増えています。

同年の台湾人観光客の消費額は全体で1473・8億円に上り、国別では第2位でした（第1位は中国の3718億円）。日本観光の期間中、台湾人は1人当たり平均14万円を日本で使った計算です。

平成27年、福岡県内のホテルに宿泊した台湾人観光客は延べ45万7710人、平成28年は49万8280人と順調に伸びています。平成28年は熊本地震の影響で、九州への台湾人観光客が一時減少したものの、現在では〝風評被害〟も落ち着き、客足も戻ってきています。

九州への台湾人観光客は外国人入国者のほぼ1割を占め、年々増加しています。その要因として考えられることは、平成26年11月に台湾で刊行された九州専門の旅行雑誌「美好九

■九州・山口各県のホテルに宿泊した台湾観光客数の推移

	平成27（2015）年		平成28（2016）年
福岡県	45万7710人 （うち柳川市８万人）	⇒	49万8280人
長崎県	16万7380人	⇒	11万9450人
熊本県	14万9030人	⇒	12万4270人
鹿児島県	12万9930人	⇒	10万8030人
大分県	８万3670人 （うち別府市５万人）	⇒	10万2420人
宮崎県	５万9450人	⇒	４万7750人
佐賀県	３万180人	⇒	３万3640人
山口県	6180人	⇒	１万550人

州」により九州旅行がブームになったこと、また毎年台北で開催される「台北国際旅行博（ＩＴＦ）」を活用した積極的な宣伝活動などが挙げられます。例えば、大分県・別府市は３年連続でＩＴＦへ出展したこととトップセールスにより、以前は年間６０００人程度だった台湾人観光客が平成28年は10倍の５万人まで伸びました。ＩＴＦの活用によって今後も観光客は増えると思います。

ここ数年、日本人の海外旅行先調査では、年末年始、ゴールデンウィークともに、それまでのハワイを抑えて台湾がトップに立っています。このような観光交流ができているのも、お互いに好感を持ち、信頼し合っている証であると心から嬉しく思っています。私が着任した平成25年に両国の人的交流は３５０万人を初めて突破しましたが、平成29年は、実

佐賀～台北線就航祝賀式で。左から私、張鴻鐘タイガーエア台湾董事長、山口祥義佐賀県知事、林廉駿五福旅行会社総經理（提供＝佐賀新聞社）

に過去最多の646万人もの往来が実現したのです。

人的往来については、正式な国交を持つ国との間でも646万人に達するところはありません。台湾の人口2300万人に占める比率から考えて、いかに両国が深くつながっているか、世界一良好な関係にあるかが分かると思います。この根本には、台湾の日本語族と日本の湾生の固い絆が深く関わっていると私は思うのです。

航空便の増便

現在、台湾と九州4県（福岡・熊本・鹿児島・宮崎）を結ぶ航空便は、週に52便が定期運航しています。平成28（2016）年9月14日からは台湾桃園国際空港－山口宇部空港間で、9月15日からは台中国際空港－大分空港間でチャーター便による運航が始まりました。また平成29年6月12日からは台湾桃園国際空港－九州佐賀国際空港を結ぶプログラムチャーター便が実現し、九州では長崎県を除く全ての県が台湾と航空路線を持つことになりました。

また海の便についても、平成28年は長崎、博多、八代の港への何隻かの寄港が実施されましたし、現在、台湾のクルーズ船の長崎・博多両港への寄港が検討されているため、台湾と九州とは、人の往来、文化の交流、経済的な結びつきが一層加速するものと期待されています。

九州と台湾との経済貿易交流

平成26（2014）年、九州と台湾の貿易総額は63億ドル（1ドル＝110円として6930億円）であり、九州経済連合会（九経連）と九州経済産業局は九州版の「日台産業協力架け橋プロジェクト」を推進し、平成27年3月2日から6日まで大がかりな経済ミッションを台湾へ派遣しました。台北市でビジネス交流会が開催され、九州から17社、台湾から32社が参加し、約80件の商談のうち食品関連が半分を占めました。

日本から台湾への農水産物・食品の輸出額は952億円（平成27年）で、香港の1793億円、アメリカの1071億円に続く3位となっており、輸出品には九州産も多く含まれています。イチゴ「博多あまおう」のほか、大分の「日田梨」や干しシイタケなど、九州の農産物にとって重要な販売先といえます。

九経連は香港やシンガポールとならび、台湾を重視しており、平成24年6月、台湾最大規模の経済団体である「中華民國工商協進会」と経済交流の促進を図る覚書を交わしました。工業やサービス業、文化コンテンツなどを含めた商談会を重ねています。

平成28年の九州と台湾の貿易関係（確定値）を見ると、貿易総額は60・3億ドル。そのうち九州から台湾への輸出総額は4017億円で、台湾は九州経済圏の第4位の輸出相手国です。台湾から九州への輸入総額は2551億円で、台湾は九州経済圏の第7位の輸入相手国となっています。

支持・協力してもらいたい新南向政策

2016年5月20日に誕生した蔡英文政権は、対外経済政策の柱に「新南向政策」を掲げています。中国は蔡総統の就任以来、貿易や観光産業で中国に依存する台湾に経済的圧力をかけ、台湾にダメージを与えています。「新南向政策」は、中国に依存せず目標市場（ASEAN、東南アジア諸国、オーストラリア、ニュージーランド）との交流を強化し、win－winとなる新しい協力方式を創出して、「経済共同体」を形成しようとするものです。相手国の安い労働力を使うだけではなく、原料調達から販売まで経営全体のサプライチェーンを築いて交流することを目指しています。

平成29（2017）年7月16日に台湾行政院の新南向政策担当大臣である鄧振中政務委員が福岡を訪れ、「九州発　日台アライアンス形成を目指して」と題するセミナーが開かれました。

鄧政務委員は「台湾新南向政策と台日協力」をテーマにした講演の中で、アジアシリコンバレーをつくってＩｏＴ産業を推進。そこで開発された技術を台湾が得意とする機械産業に応用して「スマート機械」をつくること。さらにそれを発展させて防衛産業の強化に結びつけること。2025年の「原発ゼロ」に向けて再生可能エネルギーを開発すること。医薬・バイオ産業に大きな投資をすることなど台湾の今後の産業政策を示しました。

また、新南向政策の対象国の多くは統治が簡単ではない多民族・多言語国家であること、インフラが未整備であり貧富の差が大きいこと、政策の透明度が低いこと、土地や労働力のコストが上昇中であることなどの問題点があるが、それらの国の若者には台湾に留学して教育を受けた者も多く、台湾に良い印象を持っているため、パイプ役になってもらえる可能性があると述べました。

さまざまなデータを駆使して「新南向政策」の説明をする
鄧振中政務委員（2017年７月，福岡市）

そして日本とのアライアンスについては、現に日本が台湾にとって第3番目の貿易相手国であるという実績をベースに、日本企業の「開発力」、「ブランド力」と台湾企業の「量産力」、「スピード力」、「多様な言語力」などを組み合わせることによって、両国の経済関係を一層発展させるだけでなく、両国がアジア太平洋地域全体のwin－winの関係構築をリードしていきたいと述べました。

日本の方々には、ぜひ台湾の「新南向政策」を支持し、協力していただきたいと思います。

次世代につなぐ青少年交流の必要性

日台両国の青少年交流の強化

台湾には、日本統治時代に教育を受けた「日本語族」、「日本語世代」と呼ばれる年配者が多くいます。一方、日本にも、台湾に生まれ台湾で育った「湾生」と呼ばれる方が大勢います。しかし、戦後72年が過ぎた今、「日本語族」「湾生」の高齢化が進み、日台関係の絆が薄れるのではないかと心配されています。これまでの台日関係は、日本語世代や湾生に頼ってきた部分も大きかったのですが、これからは次世代を担う若者に友好のバトンを渡さなければならないと考えています。

次の世代に相互認識・相互理解を伝えるために、5年前に着任して以来、一番力を入れて進めてきた仕事の一つが、日本の高校生の台湾への修学旅行です。総領事に就任以来、私は福岡と大分で計3回の台湾修学旅行セミナーを主催し、九州一円の高校にこの意義を説いてきました。おかげさまで、平成26（２０１４）年12校１２００人、平成27年19校２２００人、平成28年30校５０００人と順調に増え続け、平成29年は40校７０００人に達しました。

修学旅行で烏山頭ダムを訪問（提供＝白濱裕氏）

実施した高校の先生方からは、現地の高校生との生きた交流を通して、大変良い教育旅行となっているという話も聞きます。熊本県立大津高等学校は、平成23年以来7年連続で台湾修学旅行を実施しています。第1回実施当時の白濱裕校長は、台湾への修学旅行は生徒たちに日本人としての自覚と誇りを蘇らせてくれたとし、生徒たちが日本の先人が台湾に遺した偉業（烏山頭ダムなど）に感嘆し、台湾生徒の語学力とパワーに圧倒されながらも、日本人は外国体験によって覚醒する性質を持っているようだとして「たかが修学旅行、されど修学旅行」と語っています。日本の先人が台湾に遺した偉業に感銘を受け、現地の高校生との生きた交流を通して大変良い教育旅行となっているわけです。

台湾を通じて正しい歴史を学び、台湾に息づいている日本精神を感じ、共有していただきたい。現地の若者とのさまざまな体験や交流を通じてお互いを知ることで、未来の良好な関係の礎となる確かな友情を育んで欲しいと願っています。

大津高等学校と海山高級中学校の女子バスケットボール親善試合
(提供＝白濱裕氏)

『認識台湾』により日本統治時代を正しく評価する歴史教育が始まったおかげで、台湾の若者の間では、今急速に日本語学習熱が高まり、町中の至るところに日本語学校が林立しています。大学の授業では第二外国語として日本語を選択する者が圧倒的に多く、日本語学科の倍率も年々高くなっていくばかりです。

日本のファッションから漫画、雑誌、

ゲーム、好きなタレント（ＡＫＢ48など）まで〝すべてが日本〟という、現代の日本文化に恋い焦がれる若者も誕生し、「哈日族《ハーリー》」と呼ばれています。戦前の台湾に郷愁を感じる年配者である日本語族や日本語世代は、自分たちの孫の世代にまさかこうした現象が起き、若い世代に自然に〝親日〟感情が芽生えることなど、予想だにしなかったでしょう。

日本の若者の問題点

今の日本の若者は、平和すぎて危機を感知するセンサーを持たないこと、将来に対する夢がないことなど、いろいろ問題はありますが、一番の問題点は、生かされていることに感謝するという素朴な宗教心がないことではないでしょうか。だから自分がどこから来たのか、そしてどこへ行くのかが分からないのではないでしょうか。

今の日本の青年は裕福すぎて考えが甘くなっているのではないかと思います。感謝を知りません。喜びを知りません。今、自分がこんなに幸せな国家に住んでいるのに、それを当たり前と思ってしまい、幸せを幸せと思えないのです。まさにこれこそが不幸なことではないでしょうか。

単一国家の日本に生まれたことを、日本の人々は心から感謝しなければならないと思います。世界には、国を2つに分断された経験を持つ国家が沢山あります。アジアにおいてこのような経験がない国は日本だけです。例えば、中国は8つに分かれていました。朝鮮は南北、ベトナムも南北です。私たち台湾人にいたっては、一時国籍のない人間という立場に立たされていました。そのため、日本の若者には日本人であることに感謝し、日本という国を大切にして欲しいと心から願っています。

先に述べた「禮失求諸野」という言葉がありますが、「失われつつある日本人特有の尊い価値観『日本精神』を台湾に訪ね求めなければならないのではないか」といった思いで現在の台湾を訪れる日本人も少なくないのではないでしょうか。

九州大学の「台湾研究講座」への期待

日本の大学に招かれて講演をした時にがっかりするのは、学生たちがあまりにも台湾のことを知らないことです。戦前日本が台湾を統治していたことはもちろん、台湾がどこに位置するのか、台湾が国であるかどうかについても正確な知識を持たない人が多いことです。

本屋を覗くと、台湾への旅行ガイドやグルメに関する本は沢山ありますが、台湾という国を理解するための本はなかなか見つかりません。うっすらと「対日感情は悪くなさそうだ」という印象しか持っていない人が多いのではないでしょうか。

したがって、日本の先人が台湾で都市計画を実行して道路や港湾を整備し、医療・衛生制度を整備し、大規模なダムと灌漑用水路をつくり、インディカ米だった主食をジャポニカ米に品種交換し、教育制度や行政を近代化し、製糖業をはじめとする産業を発展させたこと。そして、その裏に血のにじむような努力と苦労があったことなど、知る由もありません。

どうしてこうなったのでしょうか？　その原因の多くは、日本の戦後教育とマスコミの報道、中国との国交回復に伴う台湾との断交にあると思います。

中国との国交回復に伴う台湾との断交は、政治的、経済的な実利を選択した日本政府の方針によるものと思いますが、教育とマスコミの問題は、戦後社会の「一億総懺悔」の流れの中で過去に自信を失い、事実を事実として認識しないところから来ていると思います。

「見ザル・言わザル・聞かザル」の「三ザル主義」は近代史を自虐的に捉える傾向と相俟って「台湾への思考停止」を生んだのだと思います。

この傾向を少しでも改善すべく、平成29（２０１７）年10月10日から九州大学に「台湾研究講座」を開設してもらうことになりました。

九州大学で教育・研究を進める、エドワード・ヴィッカーズ（Edward Vickers）教授はロンドン大学教育研究所から平成24年に九州大学に来ました。また、前原志保研究員はカナダのブリティッシュコロンビア大学、イギリスのリーズ大学を経て平成26年に台湾大学国家発展研究所で博士号を取得、帰国後九州大学に着任した国際感覚豊かな方です。世界的に見ても、日本には台湾を研究する大学や研究所が少なく、さらに日本の中でも九州における研究者が少ないことを不思議に思っていたと、お二人は言います。

学生に「台湾研究講座」開講の説明をする Vickers 教授

世界の大学・研究所には40以上もの台湾研究講座があるそうです。しかし日本では、早稲田大学と大阪大学、それに今回の九州大学を入れても僅か3カ所しかありません。日本の50年間の台湾統治という歴史的背景や、現在の日台間の貿易、観光往来の状況から考えても、少なすぎるのは誰の目にも明らかではないかと思います。

ヴィッカーズ・前原両先生のお話では、アメリカ、ヨーロッパにも、台湾を研究する研究者は大勢いるとのことです。特に活発な印象を受けるロンドン大学東洋アフリカ研究学院（ＳＯＡＳ）をはじめ、ドイツ、フランスなどにも著名な研究者が多くいらっしゃるそうです。また、戦前に九州と台湾は特別に深い関係を持っていたにもかかわらず、九州で台湾を研究している方は少なく、日本台湾学会の名簿では、沖縄の数名を除いて研究者のほとんどが関東、関西地区に集中しているということです。

開講記念講演をする筆者

昔から台湾と深い関係持つ九州のこの講座から、日本独特の成果が世界に発信されることを祈るとともに、日本の若い人の台湾に対する認識を深め、彼らが日本を振り返るステップとなり、今後の日台関係の発展につながることを期待しています。

第5章

台湾の将来と日本

中国の強硬姿勢

「一つの中国」を目指す中国

2017年10月、中国共産党の習近平総書記（国家主席）は、党大会において「中華民族の偉大な復興のために台湾は欠かせない要素であり、中国は過去5年間にわたり台湾の独立に断固として反対し、阻止してきた」と語りました。そして1992年に中国側の窓口機関「海峡両岸関係協会」と台湾側の窓口機関「海峡交流基金会」が香港において共通の立場として認めたとされている「92年コンセンサス」に基づく「一つの中国」を認めず「新たな両岸関係モデルを探すべき」とする蔡英文政権への圧力を一段と強め、揺さぶりを強める構えを示しています。

習総書記のこのような考えを受けて、中国の中央台湾工作弁公室は、中国共産党の台湾政策について、下記の総括文書を発表しました。

習近平同志を核心とする中央の指導のもと、台湾への工作は研鑽奮闘、克難前進の両岸関係を推進し、大きい進展を得た。習近平総書記は次のように述べた。すなわち中国の夢は両岸同胞の共同の夢であり、ともに手を携えて「中華民族の偉大な復興」という中国の夢を実現させよう。祖国統一の大業を完成させることは中華民族の偉大な復興の必然の要求である。「平和的統一、一国二制度」は台湾問題解決の基本方針であり、統一実現の最も良い方法である。（中略）

２０１６年5月、民進党が再度政権につき両岸関係の平和的発展は複雑で厳しい状況に直面した。習近平指導部は正確に事態を予測し、雨が降る前に雨戸を修繕し、変化に対応する一連の政策をとり、一つの中国という原則を維持し、台湾海峡の全体的な安定を保持した。

民進党政権への対抗措置として、中国は両岸のコミュニケーションと商談を停止した。一方で台湾島内の関係政党、団体、各界人士との交流を強化し、「台湾の独立に反対」する声を高めた。輿論闘争を積極的に展開し、台湾当局が両岸関係の政治的基礎を破壊していることを暴いた。両岸各領域の交流合作を継続推進し、台湾同胞の福祉をはかった。

これらの措置の結果、台湾同胞は台湾政局の変化が両岸関係と自身の利益を傷つけていることを深く感じとり、責任は台湾当局にあることをさらにはっきりと認識し、両岸政策を調整し「92年コンセンサス」の政治的基礎に立ち返ることを強く要求している。民進党当局の社会的支持は低下する一方であり、執政は困難さを増している。

我が国が大いに発展し国際的な影響力が高まるにつれ、ますます多くの国が「一つの中国」の原則をはっきりと認識し、台湾を棄てて我が方に付き、発展の快速列車に乗った。ガンビア、サントメ・プリンシペ、パナマが我が国と国交を樹立した。

我々は習近平総書記の台湾工作の重要思想を引き続き深く学習し、貫徹する。「一つの中国」の原則を堅持し、「台湾独立」に反対し、両岸関係の平和的発展を推進して台湾海峡の平和安定を維持し、統一の進路を着実に進み、「二つの百年」の目標と中国の夢の実現のため新たに力を尽くすものである。

世界保健機関総会への参加を拒まれた台湾

２０１７年5月22日にスイス・ジュネーブで開幕した世界保健機関（ＷＨＯ）総会（ＷＨＡ）に台湾は参加できませんでした。台湾は２００9年以降、8年連続でオブザーバー参加を認められてきたにもかかわらず、今年招待されなかったのは、中国政府の妨害によるものであり、中台関係の悪化が背景にあります。

ＷＨＯは専門的な国際医療衛生機関であり、ＷＨＯ憲章には「到達しうる最高基準の健康を享有することは、人種、宗教、政治的信念又は経済的若しくは社会的条件の差別なしに万人の有する基本的権利の一である」とあります。この普遍的価値観である健康権はＷＨＯ憲章に明記されており、ＷＨＯが総会に台湾を招き、我々がＷＨＯの各種活動や技術会議に平等に参加する根拠となるものです。

我々はＷＨＯおよび関係各方面に対し、台湾が長期にわたり世界の公衆衛生や防疫、並びに人々の健康権への貢献を果たし、ＷＨＯ加盟国と医療衛生のパートナー関係を構築してきたことに注目するよう呼びかけています。台湾はＷＨＯとともに防疫の課題に協力して対処し、国際社会の一員として責任を最大限果たす能力があり、意欲も持っています。同時に、感染症が地球規模で問題化する中で、約２３００万人の人口を抱える台湾の不参加により、公衆衛生の空白地帯をつくることになってはならないと考えています。

ＷＨＯは世界の人々の健康および空白なき防疫を守るために、台湾がＷＨＯおよび同総会に参加する正当性と重要性を直視すべきであると思います。台湾はＷＨＯを必要としており、ＷＨＯもまた台湾を欠くことはできません。

台湾の医療水準は高く、世界トップ２００のランキングに14病院がランクインしています。これは、アメリカ、ドイツに続く世界第3位、アジアでは第1位です。各総合病院は長年医療チームを海外へ派遣し、その足跡はアジア太平洋、アジア西部、アフリカ、南太平洋へも広がっています。人道医療サービスだけではなく、医療従事者育成中の国家への協力もしています。台湾はＷＨＯの一員として「すべての人民が可能な最高の健康水準に到達すること」というＷＨＯの目的を達成する能力を持っているのです。ＷＨＯからの台湾排除は、すべての人に公平に医療機会を提供するというＷＨＯの精神に反するものだと思います。

台湾がＷＨＯに留まることは、２３００万の台湾の人々が世界の防疫の埒外に置かれる不安を無くすと同時に、台湾政府および台湾の全ての医療・衛生の専門家が国際社会に対して、これまで以上に貢献し、寄与する道を残すものだと考えます。これこそＷＨＯが掲げる人類への貢献ではないでしょうか。

今回、極めて遺憾な結果となりましたが、本件に関する日本政府および日本国民の皆さんの台湾へのご支持に対しては、台湾人を代表して感謝申し上げたいと思います。現在、台湾在住の日本人は約2万人、台湾を訪問する日本人観光客は年間１９３万人いることを踏まえ、今後またＳＡＲＳや鳥インフルエンザのような伝染病・疫病が発生した場合には、万全の対応をとることを約束します。

断交を迫る中国

台湾と長年の外交関係を持っていた中米のパナマが、2017年6月13日に中国と国交を結び台湾と断交しました。パナマは中国清朝と外交関係を結んで以来、その関係を引き継いだ中華民国（台湾）と100年以上外交関係を保ち続けた国です。

「92年コンセンサス」を認めようとしない蔡政権に対する中国の圧力があらわになったのは、2016年3月に西アフリカのガンビアが中国と国交を樹立したのが始まりでした。2016年12月にはサントメ・プリンシペが台湾と断交し、今、台湾が外交関係を持つ国は過去最少の19カ国になりました。

多くの海外メディアや専門家は、中国が蔡政権を孤立させるために、台湾の友好国に対して、台湾の支援を上回る莫大な経済援助をしているとの見方をしています。パナマが台湾との断交を宣言したことも、近年、中国が中南米などでお金をばら撒いた結果だとみられます。

一方、中国からの支援金の受け取りを断った国もあります。アメリカのメディアによると、2017年1月、台湾と国交を持つアフリカにあるブルキナファソの外相は、同国が中国からの500億ドル（約5兆6600億円）の「金銭的な誘惑」を断ったことを明らかにしました。また、同じくアフリカのスワジランドとブルキナファソ政府高官は、アメリカのメディアに対して、「利益のために台湾を裏切ることはしない」と表明しました。

しかし、その後も中国が台湾と外交関係のある国に多額の経済援助をちらつかせて接近しているとの情報があり、蔡英文総統は「断交ドミノ」を警戒して2017年10月の中国共産党大会の閉幕直後から南太平洋のツバルなど3カ国との外交関係継続のための外遊を行うなど、必死の努力を重ねています。

圧力はスポーツの祭典にまで

台湾に対する中国の圧力は、2017年8月に台北で開催された学生スポーツの祭典「ユニバーシアード」にもおよびました。同大会には141カ国・地域から約8000人の選手が参加しましたが、中国は団体競技の参加を見送り、開会式にも参加しませんでした。「台湾は中国の一部」と主張する中国の意向で、台湾は開催地でありながら「台湾」や「中華民國」の名称を使えず「中華台北」として参加し、国旗である「青天白日旗」の掲揚もできませんでした。また、開会式では、民進党政権に批判的な団体が発煙筒を使って暴れるなどの妨害もありました。

しかし、このようなさまざまなトラブルを乗り越えて大会は成功裏に終わり、閉会翌日には目標とした11個を大幅に上回る過去最多の26個の金メダルを獲得した台湾選手団を讃えるパレードが行われ、台北市内は市民の歓喜に包まれました。閉会式で挨拶した台北市の柯文哲市長も「台湾の実力を世界に見せた」と胸を張って語り、観客の多くも「逆境に負けない台湾人のたくましさを証明した」と喜び合いました。

ユニバーシアード（提供＝ETtoday新聞雲［記者：季相儒攝］）

台湾の現状

台湾を縛る四つのしがらみ

現在の台湾は、「経済」、

「アイデンティティー」、「安全保障」、「これまでの歴史」の四つの要因が捻じれあった「四つ巴」の中に生きています。この状態をつくりだしているものは、中国、台湾自身、アメリカ、そして日本です。

輸出入、投資、観光収入のどれをとっても、現在の台湾経済に大きい影響力を持っているのは中国です。例えば、シャープを買収した鴻海《ホンハイ》は台湾の企業であることは間違いありませんが、主力工場は中国にあり、現在も中国で50万人を雇用し、新工場建設でさらに50万人を雇用すると言われています。また、中国からの観光客の減少は、台湾の観光地に大きいダメージを与えています。

しかし「台湾は台湾であり中国ではない」と考える人々がすでに人口の６割を超え、「天然独」と呼ばれる強固な台湾アイデンティティを持った人々が増えています。この最大の原因は李登輝元総統の主導による歴史教育改革「認識台湾」だと思います。

しかしもう一つの原因として、国民党政権が進めた対中融和で急増した中国人観光客を迎え入れたことが挙げられています。２００８年の９万人から２０１５年の４１８万人にまで増えた中国人観光客と接した人々が中国人の生活習慣や価値観を自分たちのものと異なると感じ、自らを彼らと違う「台湾人である」と意識し直したという皮肉な見方です。

２０１５年の選挙で蔡英文総統選出の中心となったのは、中国に呑み込まれることを嫌ったこれらの人々でした。しかし、経済的な主体性を失えば政治的な主体性もなくなるのは当然のことで、この捻れが最近の蔡英文総統への支持率低下の原因にもなっていると思います。


今も中国は４００発以上のミサイルの照準を台湾に合わせています。

台湾の安全保障（防衛）のカギを握っているのはアメリカです。１９５８年の中国の金門島侵攻を食い止め、その後の台湾の武力併合を阻止していることについては、アメリカが大きな役割を果たしています。このため、蔡英文総統は２０１６年12月、就任前のアメリカのトランプ大統領と異例の電話会談を行うなど、アメリカとの関係を重視する姿勢を示しました。台湾の安全保障については、アメリカとの連携を強化することが一番の近道ですが、トランプ政権の姿勢がはっきり見えないことは、その後の対応を難しくしています。

台湾の近代史を日本との関係を抜きに語ることはできません。明治28（１８９５）年から50年間の日本統治が近代台湾の基礎をつくったのは厳然たる事実です。その中でも大きい役割を果たしたのは教育です。ダム、港湾、道路、鉄道などのインフラ整備・建設と並んで、

「勇気」、「誠実」、「勤勉」、「滅私奉公」、「自己犠牲」、「責任感」、「遵法」、「清潔」など、武士道から発した教えが台湾人に浸透したことは、もっと大きい意味を持つものだと思います。戦後、大陸から来た中国人に失望した人々は、この教えを家庭で子供や孫に伝承し、「日本精神《ジップンチエンシン》」という固有名詞まで生み出しました。台湾が世界一の親日国であり、世論調査において台湾人が「一番好きな国」として日本を挙げ、「行きたいところ」の7割が日本だというのは、ここからきていると私は思います。

このように、台湾は「四つ巴」のバランスの中にいますが、これがどちらに傾いてもリスクがあり、その将来は東アジアの安全保障や経済に大きく関わってくると思います。

アメリカへの期待

2016年12月2日、トランプ次期アメリカ大統領が台湾の蔡英文総統と電話で協議しました。アメリカの現役大統領や次期大統領と台湾総統とのやり取りが公になったのは、1979年の米台断交以来初めてのことです。台湾を国家として認めない中国を牽制し、経済政策をめぐる中国との駆け引きで主導権を握ろうとする意図があったと言われています。しかし、このことは中台関係の悪化などのリスクとも隣り合わせにあり、トランプ氏の発言が

「一つの中国」原則に反するとの立場から、中国は強い不快感を示しました。

蔡英文総統は「一つの中国」受け入れを求める中国の圧力で外交的孤立を深めていた中、1979年の断交後初となるアメリカ次期大統領との電話会談で、外交分野での大きな得点を稼いだ格好となりましたが、トランプ氏が言葉通りに台湾に対する関与を強化するかどうかは不透明です。

蔡総統はトランプ大統領との2度目の電話会談に意欲を示し、さらにアメリカからの最新鋭戦闘機F35の購入意思を表明しましたが、北朝鮮に対する中国の圧力を期待するトランプ政権は中国に遠慮して、今日まで肯定的な姿勢を示していません。蔡政権は当面、米中両国の動向を慎重に見極めなければなりません。

経済における中国の強い影響力

2016年における台湾の貿易総額は5109億ドル（輸出2803億ドル、輸入2306億ドル）で、次に示した「台湾の貿易相手国の構成」を見て分かる通り、中国がその23・1％を占めています。2位のアメリカ、3位の日本を合計した額に匹敵します。4位の香港を含めると中国のシェアはさらに高くなります。

■台湾の貿易相手国の構成　(2016年の貿易総額：5109億米ドル)

順位	貿易相手	貿易額（億米ドル）	シェア（%）
1	中国	1178.70	23.072
2	アメリカ	621.2	12.159
3	日本	601.7	11.778
4	香港	397.3	7.776
5	韓国	274.4	5.371
6	シンガポール	236.7	4.637
7	ドイツ	145	2.839
8	マレーシア	141	2.759
9	ベトナム	122.9	2.407
10	タイ	108.6	2.126

出典：台湾経済部国際貿易局

また、台湾から中国への投資額は約110億ドル（2015年）で、同じ年の日本から中国への投資額89億ドルを上回っています（出典：台湾経済部およびJETRO）。このように、現在の台湾の経済は中国と深く結びついているのです。

また、交通部（日本の国土交通省に相当）観光局によると、2008年の中国大陸からの旅行解禁以降、中国人の訪台数は急増し、2015年には418万人と全体の約40%を占めました。しかし、蔡政権発足後の中国側の締めつけに伴って減少に転じ、2016年は350万人になりしました。2017年はさらに200万人（150万人減）まで落ち込み、観光収入の減少額は200億台湾元（約740億円）に達するだろうとの報道もあり、観光業界は悲鳴を上げています。

このような窮状にあって、台湾政府は先に述べた新南向政策の推進による東南アジア諸国との経済関係の強化や観光業界に対する貸し付け、日本、韓国、タイなどからの集客活動の強化を図り、経済における中国からの影響を薄めるための懸命の努力をしています。

世論調査に見る台湾人の複雑な心

台湾の調査機関「台灣民意基金會」が定期的に実施している世論調査によれば、2018年3月における蔡英文総統への支持率は33・5%（不支持率47・1%）となりました。2016年5月の総統就任時の支持率が69・9%（不支持率8・8%）だったことから考えると、「危険水域」に近く、一部には「果たして蔡英文に投票してよかったのか？」と自問する台湾人の声も聞こえます。

この危機を脱すべく、蔡総統は2017年9月に行政院長（首相）を政権発足時から務めてきた林全氏から頼清徳氏（前台南市長）に交代させました。また、2018年4月には官房長官にあたる総統府秘書長に与党民進党の重鎮、陳菊高雄市長を起用しました。

支持率低下の原因はいくつかありますが、その主なものとして、次のことが挙げられています。

(1)中台関係の展望が開けないことへの失望

①中国の観光客削減圧力などによる収入減が続いていること。

②断交国の増加や国際機関からの締め出しで、台湾の国際的な地位が不安定になっていること。このことについては、親中派からの「不満」と対中強硬派からの「弱腰批判」の両方が起きている。

(2)経済の「脱・中国依存」が思うように進んでいないこと

東南アジアとの関係を深める「新南向政策」も、ビザの簡略化による観光客の増加以外の具体的な成果は乏しく、輸出に占める中国依存度は約4割（香港を含む）に高止まりしたままです。

(3)雇用や年金改革などの看板政策に企業や高齢者が強く反発していること

軍人や公務員などを過度に優遇する年金制度の改革に着手したことが、受給者の猛反発を招いた。ユニバーシアード大会の開会式でのトラブルも、改革反対派による妨害と考えられている。

(4)労働者保護を強める雇用制度改革に企業の従業員からも不満の声があがっていること

■蔡英文総統の支持率の推移

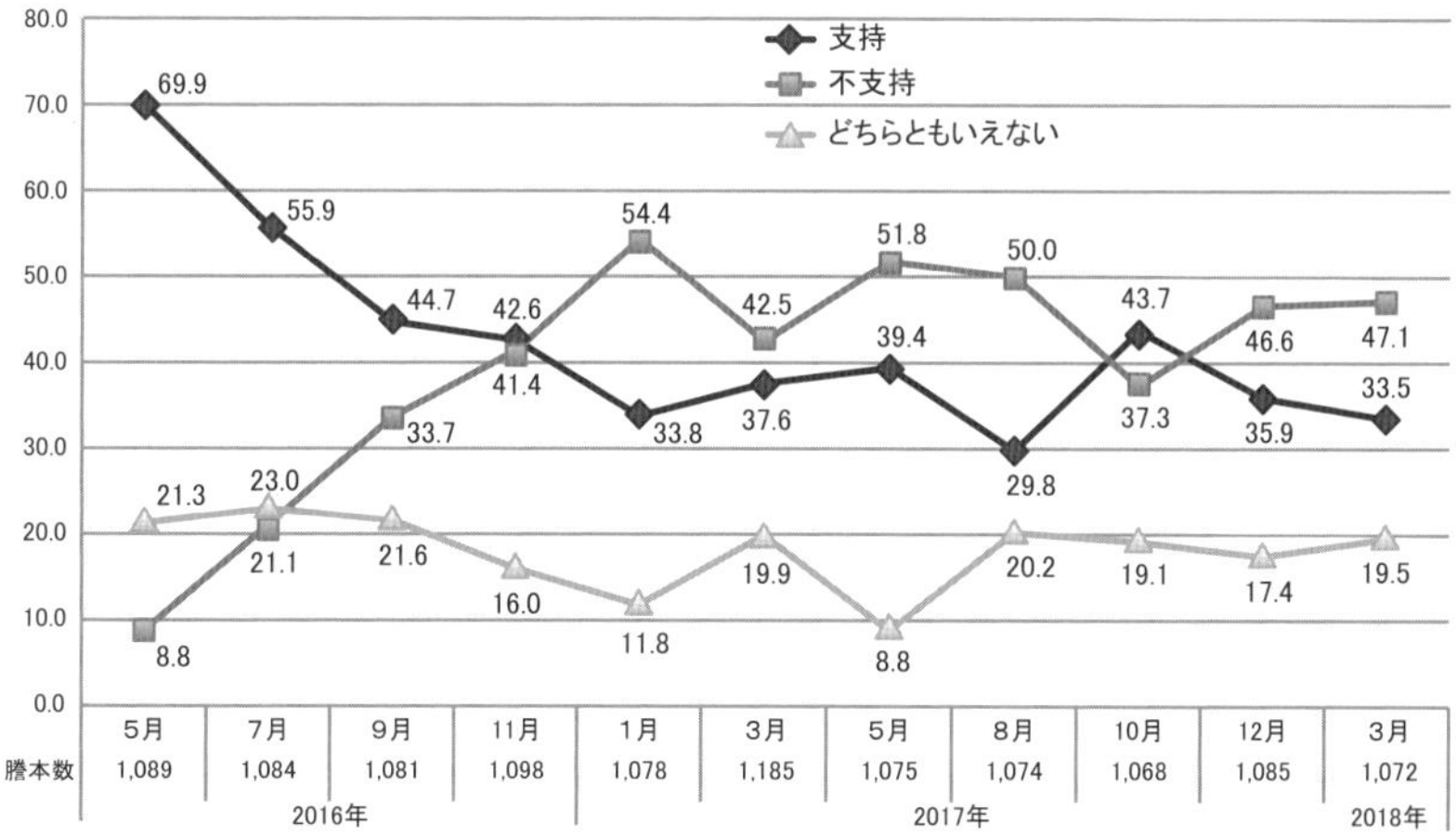

財團法人台灣民意基金會発表のものを参考に作成

２０１６年末に労働基準法を改正し、時間外手当を従来の２倍以上に引き上げた。これは休日出勤や残業を減らす目的としたが、残業の抑制により手取りが減るなどの弊害も指摘されている。

(5)若者の境遇改善が進まないこと

国民党政権の８年間に拡大した経済格差が改善されず、若者の失業率はおよそ12％と、高止まりしたまま。職に就いても平均賃金は日本円で11万円ほどに留まっており、就職の面接会では「生活が苦しい」という声が相次いでいる。

(6)大規模停電に直面したことを原因とする「脱原発」路線への批判

現在６基ある原発の稼働を３基に抑えて

いるが、代替電力を供給するはずの火力発電所の稼働が遅れ、電力不足への懸念が高まる中で全世帯の半数に影響を与える大停電が発生した。原因は人為的なミスだったが。

明治維新と台湾

明治日本の再評価

以上見てきたように台湾には、中国という「巨大化した隣人」がいること。自分たちの「理想と現実のギャップ」、「中華民族としての意識と中国の価値観との相違」、「変転した過去の歴史の評価」などの相克。さらに「大国を中心とする諸外国の思惑」に配慮しながら生き抜かなければならないという難しさがあります。

この状況は、外圧を受け、欧米列強による植民地化の恐怖にさらされていた幕末期の日本と通じるものがあります。この時期に長期・大規模な内戦をせず、政権を徳川幕府から天皇に返上し、「富国」、「強兵」、「殖産」、「教育」、「立憲政治」を進め、短期間に近代化を果たした明治日本を台湾人は高く評価しています。

平成30（2018）年は「明治維新150年」になります。

坂野《ばんの》潤治氏、大野健一氏共著の『明治維新1858－1881』（講談社）では、明治維新が持っている2つの特徴が指摘されています。それは「サムライの倫理」と「翻訳的適応」というものです。

「サムライの倫理」は本書で述べている武士道、すなわち日本精神です。徳川幕府を最後まで守ろうとして戦った会津藩の松平容保《まつだいらかたもり》にしても、維新を推し進めた大久保利通、西郷隆盛、木戸孝允にしても、彼らの心の内には、いつも「公儀」があったと思います。「私」よりも「公」を重んじる心こそ武士道の基本中の基本だと思います。明治維新の原動力となった多くの人々を育てた松下村塾の吉田松陰は、国事犯として獄につながれ、処刑されるまでの間に以下の2首の歌を詠んでいます。

かくすれば　かくなるものと知りながら　止むにやまれぬ　大和魂
身はたとひ　武蔵の野辺に朽ちぬとも　留め置かまし　大和魂

これこそ台湾で生き続ける日本精神であり、東日本大震災において日本の人々が知らず知らずにとった行動の奥にある暗黙知の源流ではないでしょうか。

もう1つの「翻訳的適応」とは、後進的とみなされる国家が国際秩序に組み込まれる際に、一方的にグローバル・スタンダードに呑み込まれることなく、「むしろイニシアティブをとって」自国の主体性、社会の連続性、国民の自尊心、および民族のアイデンティティを確保しつつ、国際秩序に入っていくことを意味するものと坂野潤治、大野健一氏は説いています。すなわち、「外来の概念や制度や技術は、国内への導入にあたり欧米発のオリジナルの形ではなく、受け入れ国側のニーズにあわせて適宜修正される。もしこのような国際統合が実現するならば、社会変容にさらされる国は実は弱くもなく受け身でもない。その国は、外的刺激を自らの成長のために最大限利用しているのである」と。

このことは、軍事援助を申し出たイギリスの誘いに乗らなかった薩摩や、フランスの軍事支援を限定的にしか受け入れなかった徳川幕府の姿勢にも表れていると思います。

これは単一民族、単一国家、単一言語としての長い歴史を持つ日本だからできたことで、多種族、多言語社会である台湾とは根本的に異なるとの指摘もあります。

しかし、すでに民主主義が定着し、教育が行きわたり、生まれながらに「台湾は台湾であり、それ以外ではない」と考える「天然独」が人口の過半数に達した今、明治維新を参考にして、台湾自身の道を切り開いていくことができないはずはありません。

また、日本も、太平洋戦争の敗戦によって当事者能力を失っていた当時は仕方がなかったとしても、そろそろ台湾に対する思考停止を解除し、「見ザル、言わザル、聞かザル」から脱し、どの国とも対等に台湾問題を話し、台湾の存続発展に積極的に関わってくれることを望みたいと思います。

近代台湾の精神性や施設や産業の基礎をつくったのは、誰が見ても日本であり、この事実を変えることはできないのですから。

台湾と明治維新との関わり

台湾に生まれ、戦前の日本統治時代を経験した「日本語世代」は、明治維新とその後の日本がもたらした台湾近代化の恩恵は非常に大きいと評価しています。台湾のみならず、多くのアジア、そして世界においても同様で、明治維新によって近代化を成し遂げた日本人の姿は非常に輝かしく映るのです。そして明治維新は現在もなお「世界の奇跡」とされ、研究対象となり続けています。明治維新150周年の節目にあたり、明治維新に関する本が数多く出版され、書店の店頭に並んでいます。しかしその中にあっても明治維新を否定し批判する本が見受けられますが、このように日本を貶《おとし》め続けているのは中国と韓国だけというのが実態であり、そのほかの国々ではむしろ明治以降の日本を賞賛する声の方が圧倒的に大きいのです。

明治維新直後の明治3（1871）年、宮古島から琉球国・首里城へ年貢を納めた船が強風によって台湾南部に漂着し、現地人に殺害される事件が発生しました。これにより、明治政府は明治7年に「台湾出兵」を行いました。これが維新後に日本が初めて行った海外派兵であり、現在の中国では、これを日本の中国侵略の開始としています。

しかし、事件後に清との間で締結された日清両国互換条款では、日本軍の遠征は「義挙」とされ、清は賠償金を出すとともに、清の軍船が西郷従道《つぐみち》の軍に礼砲を送り、薩摩藩と清との両属関係にあった琉球を正式に日本領と公文書で承認したのです。

また、世界的に見ても明治維新の世界的評価は高いものがあります。特に極東の小国と見られていた日本が、日清・日露戦争に勝利して世界を驚嘆させてからは、各国がこれを研究し模倣しようとしてきました。

例えば、中国（当時は清）では、日清戦争後、康有為《こうゆうい》らが明治維新にならって政府機構の改革や人材登用を進めました。しかし、この改革は103日でつぶされてしまったので、「百日維新」と呼ばれています。

「中国革命の父」と言われる孫文は日本亡命時に、犬養毅《いぬかいつよし》に対して「明治維新は中国革命の第一歩であり、中国革命は明治維新の第二歩である」という言葉を贈っています。孫文は大中華思想を持ちながらも明治維新を高く評価し、明治維新をアジア諸民族の立派な模範、「無窮《むきゅう》の希望」と讃えていました。しかも、明治維新後の日本と独立後のアメリカを対比させ、アメリカの独立後143年の道程を日本がわずか50年で達成したことを賞賛しました。また、孫文は中国は日本に比べて人口は10倍、領土は30倍もあり、もし明治維新の経験を汲み取れば10年くらいで富強となることができると述べています。

鄧小平は1979年の改革開放政策のスタートにあたり「明治維新は日本の新興資産階級が成し遂げた現代化（近代化）であります。しかし、われわれは無産階級であり現代化は彼らに比べてより良くできるはずであります。また、より良くすべきであります」と自信たっぷりに語っているのです。明治維新は鄧小平の改革開放政策に至るまで、この百年あまりずっと隣国、中国の改革・革命のモデルとなっています。

日本の統治下となった台湾では、金融・財政・治安・衛生などの制度確立、道路・鉄道・上下水道・ダムなどのインフラ建設が急速に進められ、これにより、当時「瘴癘《しょうれい》（伝染病・風土病）の地」と言われた台湾の人口は2倍以上に増えました。

開国・維新により近代国民国家となった日本は、大日本帝国として成長し「文明開化・殖産興業」などが大きな波として日本から台湾へと広がり、さらにその周辺諸地域や国家へ波及していきました。具体的に見ると、周辺諸地域の多くは物々交換の社会でしたが、１９４０年代に入ると、次々に産業社会へと変貌していきました。この近代化の波は戦前だけではなく、戦後も拡散を続けました。アジアＮＩＥｓ（新興工業経済地域）もその一例です。

台湾の農水利施設である嘉南大圳（烏山頭ダム）を設計・建設して不毛の地だった嘉南地域を穀倉地帯に変えた八田與一は、日本人も台湾人も分け隔てなく接する人物で、現在も台湾人から「恩人」と慕われ、銅像や記念公園もつくられています。また、磯永吉と末永仁が亜熱帯気候の台湾向けに品種改良した蓬萊米は、二期作が可能で、台湾の食糧事情を格段に向上させただけではなく、戦後は飢餓に悩むインドにも苗が輸出され、餓死者を大いに減少させました。現在ではインドは米の輸出国にまでなっています。こうして日本の開国・維新とそこから生まれた近代化は、世界に大きく貢献しているのです。

明治維新を再評価すべき

日本は明治維新によって幕藩体制から天皇を中心とした中央集権体制へと変わり、封建国家から国民国家へと転生し、またたくうちに近代化を成し遂げ、西欧列強に伍するようになりました。その奇跡的な成功により、明治維新は多くの国々で今なお研究され、学ぶべき手本とされています。

台湾における西洋化のプロセスは日本からもたらされたものです。日本統治の50年にわたって、その影響は台湾人の生活の隅々にまで浸透したと言えます。

１９８８年に李登輝が総統に就任して以降、台湾では「本土化」の気運が高まり、台湾人自身の歴史を見直そうという発想により、古いものを保存しなければいけないと考えるようになりました。現存する古い建物はというと、ほとんどが日本統治時代のもので、それ以前のものはお寺や廟くらいです。それらの古い建物は現代の台湾人にとって、ずっとそこにある見慣れたものなのです。日本統治時代が良いか悪いか、特にそういった意識はありません。台湾人にとって、日本人が残した建物は頑丈だし、きれいだし、レベルが非常に高いものです。

日本で起こった明治維新はソフトとハードの面から見れば「文明開化」と「殖産興業」と

いう心とモノ、２つの波の同時拡散ということになります。この明治維新が日本列島から島伝いに琉球、台湾へと拡散していきました。今日、台湾の経済繁栄の基礎となるインフラ整備、港湾、鉄道、道路、上下水道などのほとんどが、明治維新以降、日本人の献身的な犠牲によってつくられたものです。

「台湾における対日感情の調査（２０１２年）で、世界で一番好きな国1位日本（44％）、世界で一番親しみを感じる国1位日本（74％）という結果の要因として、日本の大衆文化の流入とともに、１８９５年～１９４５年の半世紀に及んだ日本統治時代から引き継がれてきたさまざまな思いもあることでしょう。台湾のインフラ整備のために当時の日本における各分野の優秀な人材が数多く投入され、台湾の近代化に力を尽くし、台湾の人々の暮らしが豊かになったことに今でも台湾で敬愛されている多くの日本人たちがいることを知ってほしいと願います」（緒方秀樹『台湾の礎を築いた日本人たち』）。

個人的には、明治維新を抜きにして台湾の近代化は語れないし、１５０周年の節目の年を迎えて、我々台湾人が再び明治日本つまり明治維新の影響力を評価すべきではないかと思っています。

明治維新後の日本は１５０年間にわたり「第二の維新」「大正維新」「昭和維新」さらに

「平成維新」などの声が間断なく続いてきました。これは日本人がつねに「改革維新」を求め続けているからでしょう。しかも、それらのいずれもが「明治維新」を鑑《かがみ》にしています。日本近代史の歩みを見るかぎり、体制派であろうと反体制派であろうと、明治維新の再来を求めていると思います。日本が世界に尊敬された理由は明治維新にあったと思います。明治維新150周年をきっかけに、近い将来、台湾に経済、政治、文化など各分野の改革がもたされて、いわゆる「台湾維新」につながることが私の最高の喜びです。

日本はこれまで、極めて重要な国家大変革の節目を経験してきました。1回目は明治維新であり、数百年の鎖国時代を終わらせ、嘉永6（1853）年の黒船来航から明治元（1868）年の開国・維新までであり、これが日本を近代文明国家に変革させました。これは通常、日本の第1の開国と呼ばれています。2回目は第二次世界大戦後の経済復興です。これが高度経済成長へとつながり、第2の開国と呼ばれています。経済は大きく発展し、世界第2の経済大国になったものの、戦後の日本人が心に抱き続けた罪悪感は消えず、失った誇りと自信も完全には回復しませんでした。

明治維新150周年を迎えて、私は次のように訴えたいのです。日本は衰退すべきではないし、このまま黙って我慢し続けるべきでもなく、再び誇りと自信を取り戻さなければならない。今、安倍首相が明治維新以降3回目となる国家大改革をもたらし、日本の第3の開国を迎えていると言われています。憲法改正をはじめ、さまざまな政策に着手し、「失われた二十年」から完全に立ち直るならば、それを「安倍維新」と呼びたいものです。

台湾は日本の一隣国として、再び日本の開国・維新が実現することを支援していきたいと思うと同時に、両国がともに手を携えて21世紀の未来を切り開き、飛躍的発展を成し遂げるよう、心より祈念するものです。

台頭する台湾人アイデンティティー

今の台湾は、たとえるなら日本社会を劇的に変えた明治維新の前夜、つまり幕末と似た状況にあるのではないでしょうか。閉塞した封建社会を坂本龍馬に代表されるような若い志士たちが変革した時代です。2014年、政権の政策に抗議して巻き起こった「ひまわり学生運動」で、立法院を占拠したのは大学生を中心とする20代、30代の若者たちでした。そして総統府に続く大通りで行われた抗議デモには、彼らに触発された何十万にもおよぶ国民が参加したのです。

今の30代以下の若い人たちはインターネットやSNSで情報を集め、横につながっていくネット社会を形成しています。そして何よりも、「我々は台湾人である」という意識を強く持っています。これは李登輝総統時代に強力に推し進められた民主化と教育改革の産物と考えています。

「ひまわり学生運動」は、その年の11月の統一地方選挙に大きな影響を与えました。国民党は台北市長選挙で敗退するなど、6ある直轄市のうち5市で市長ポストを失うという惨敗を喫し、政権後半には支持率が1ケタ台に落ち込みました。このような若者のエネルギーと時代のうねりが蔡英文総統を誕生させたのです。

ともに歩む日台の未来

地図を逆さにしてみると

いつも日本の地図を見ていてつくづく思うことがあります。自然の神様は国の形でその国の生き方を教えているのではないかと。ある時にふと地図の上下左右を逆にして見ると、日本が龍に見える。そして台湾はまるで龍を踊らせている火の玉のようだと思いました。その時、この日本という龍について行けば東洋は立派になるのだなと思いました。台湾と日本は太平洋プレート上の同じ火山帯でつながっていて、切っても切れない強いつながりがあるのです。

日本がしっかりしなければ、東洋に平和は来ないと私はずっと信じています。日本の経済が良くならないと東洋の経済は良くなりません。世界の経済も同じです。日本という国が強く立派になったら、台湾も立派になります。そして台湾が良くなったら日本もさらに伸びます。

日本と台湾、2つとも立派になって欲しい。これが私の心からの願いです。日本の皆さんが本当に自信を取り戻して、日本のために努力をして欲しいと思います。もちろん台湾も努力を続け、お天道様から見られて恥ずかしくないように立派な国をつくっていきたいと思っています。日本と台湾、これからもお互いに切磋琢磨していきたいと思います。

日本が台湾に残したもの

日本人は台湾に2つの遺産を残してくれました。社会インフラと日本をつくった精神的基盤の武士道の教育です。

この明治の精神的基盤と武士道が、日本よりむしろ台湾で綿々と語り継がれている事実に、日本人は目を向けなくてはならないと思います。これがおそらく日本好きの台湾人の心の奥底にあるものです。

端的にいえば、中国はどうしても民主主義国家にはならない。けれども、台湾は紆余曲折の末に民主主義国家になりました。そもそも台湾人には、日本統治時代に近代民主主義社会の精神的基盤ができていました。だから李登輝時代に台湾人はすんなりと民主主義を受け入れることができたし、速やかに民主主義社会を築けたのでしょう。

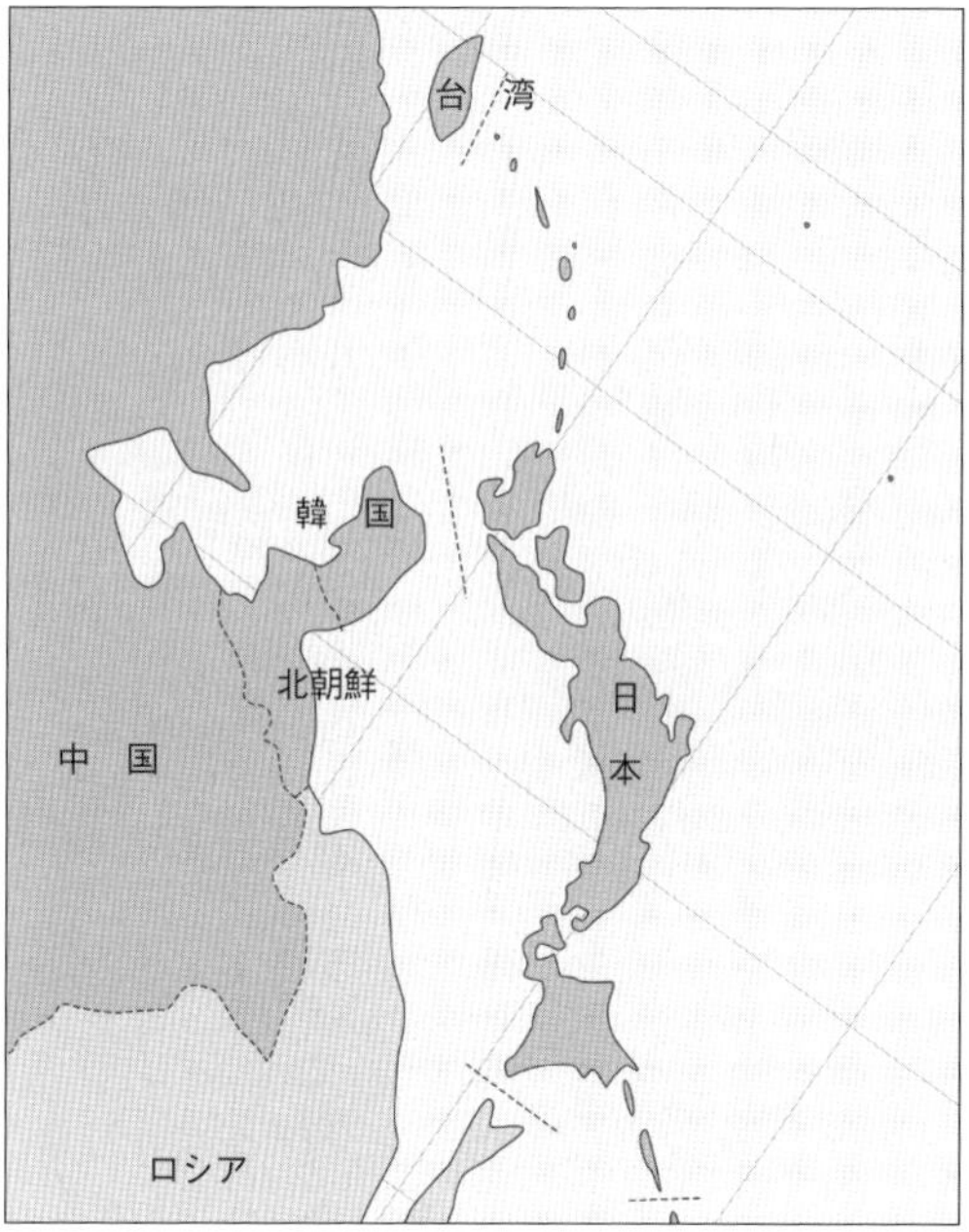

逆さ地図

日本あっての台湾。また逆に、台湾なくして日本は存在しないと言ってもいいでしょう。戦略的だけでなく精神的意味においても日本と台湾はまさに精神共同体であり、運命共同体なのです。できれば、私は日本と台湾が同盟国になれば良いと思っています。

今の台湾は非常に成熟した民主主義社会になっていて、民主主義という価値観と秩序の中で生活しています。結局、台湾を近代文明社会にしたのは日本で、台湾は明治時代の日本と同じ歩みを進めてきたのだと思うのです。日本は、欧米の植民地政策とはまったく違う政策を台湾で行いました。むしろ植民地を内地化するような諸策を打ったわけです。たとえば、内地に東京帝国大学を建てたように、台湾にも台北帝国大学を設立しました。これは搾取型である欧米の植民地政策ではありえないことです。

日本は搾取するどころか「文明」を台湾に輸出して、台湾を文明社会につくり上げました。さらに明治の精神などさまざまなことを台湾に伝えました。ある意味、台湾人は日本統治時代に「日本人になった」と言っても過言ではありません。それは同時に近代社会を手に入れたことになるわけです。また、かつて日本人と一緒につくり上げた台湾のアイデンティティも復活してきました。その意味では、台湾人のアイデンティティは、最初から日本と切っても切れない関係があるのです。

したがって、台湾の親日とは日本を「他者」としてみる親日ではなく、「自分自身」として愛しているように見えます。それは単によその国が好きといった感覚ではなく、遠い昔に

上：現国立台湾大学正門
左：旧台北帝国大学正門
（提供＝曾瑞芳氏）

故郷を同じにしたとか、祖先がどこかでつながっているような気がする「日本好き」なのだと思います。

台湾に残る〝正しい日本史〟

統治時代の日本の功績は、現在の台湾で高く評価されています。完成当時、東洋一と謳われた「烏山頭ダム」をつくった八田與一技師。八田技師の思いを受け継いでダムの水利管理を行った大分県宇佐市出身の中島力男。台湾の農村や農民の生活を豊かにした「蓬莱米」を開発した磯永吉と福岡県大野城市出身の末永仁。台湾の風土に適した世界でも珍しい地下ダムをつくった鳥居信平。氷砂糖の製法を発明し台湾製糖株式会社の初代社長となった鈴木藤三郎。宜蘭縣知事として氾濫を繰り返す宜蘭河に大堤防を建設した鹿児島県奄美大島出身の西郷菊次郎など。自らを犠牲にして台湾の発展に尽くした日本人を台湾の人々は今も記憶にとどめ、尊敬しています。

また、日本が残した精神的な遺産の結果、台湾人は李登輝元総統の改革をスムーズに受け入れ、民主主義、法治主義などの価値観とともに、自由経済や人権の保障のなどの多くの面において日本と共通の土台を持つことができました。日台両国にはこのような長い歳月をかけて縒《よ》りあげてきた目に見えない強い絆があります。これが台湾が世界一の親日国家になった大きな要因であると思います。

しかし、残念ながら現在の日本では、日本精神すなわち武士道は、暗黙知として行動に現れることはあっても、表立って語られることはありません。

この武士道精神が台湾に残されていることが我々の誇りです。台湾には、日本が今こそ学ぶべき〝正しい日本史〟があると思っています。どうか台湾という鏡を見て日本の正しい歴史を学び、自信と誇りを取り戻してほしい。そして誇りある日本がリーダーとなって、台湾と手を携えてアジアと世界の安定と発展を牽引する日が来ることを心より願っています。

第6章

私の心の支え

クリスチャンとして生きる

信仰と心の支え

私はクリスチャンです。

私が通訳として補佐し、さまざまな教えを受けた李登輝元総統もクリスチャンです。彼は著書『新・台湾の主張』（ＰＨＰ新書）の中で次のように述べています。

一九八八年一月、蔣経国総統の突然の死去によって、台湾の総統に就任してからの十二年間、一日として気の休まる日はなかった。私には頼れる人も、後ろ盾となる派閥も、情報機関や軍の支持も一切ない。ただ、キリスト教という強烈な信仰があった。この信仰によって、あらゆる困難を排除し、台湾の民主化を成し遂げる信念をもつことができた。

私がつねづね「指導者は信仰をもたなければならない」と主張する理由はここにある。強い信仰をもたなければ、あらゆる問題に恐れを生じ、それを突破することに躊躇《ちゅうちょ》が生じる。指導者の信念を支える原動力は信仰にほかならない。

私自身もさまざまな困難に見舞われたり、判断の岐路に立ったりすることがありましたが、その時に救いになったのがキリスト教であり、信仰仲間の支えでした。

私がクリスチャンになったのは高校1年生、16歳の時でした。そして19歳の大学1年生の時に聖書を読み始めて以来、主イエスを愛し、主を追い求め、教会に通う生活が45年になりました。この間ずっと「私はこれまでどのように歩み生きてきたのか？」「人生の目標は何か？」「人生において従うべき基準は何か？」「余生をどのように過ごすべきか？」ということを考え続けてきました。これは仕事に対しての志であり、人生の価値観・ビジョンの基本でもあります。ここで知ったのが、「福音を宣べ伝えること」「真理を教えること」「命を供給すること」「からだを建造すること」という4つの言葉でした。これがクリスチャンとしての座右の銘です。

私はこれに従って台湾でも日本でも家を開き、教会の仲間（兄弟姉妹）と一緒に福音を宣べ、伝えてきました。

おかげさまで100名を超える人のバプテスマ（洗礼）を実現し、多くの人の境遇と運命を変え得ることができたと思っています。仲人として結婚をお世話できたカップルも多く、また沢山の青年と一緒に聖書を勉強し、真理を追求し、互いに成就し、成長してきました。

この40年、教会で主に仕えることと人に仕えることを学ぶことができました。いつも「キリストを中心とする、召会を生活とする、聖徒たちに仕えることを願う、神のエコノミーを目標とする、神を誇る、霊を秘訣とする」という精神を練磨してきました。学んだ真理を実行し、真理に従って歩むことができたことで「福岡に在る召会」(福岡召会)はこの4年で仲間を4倍に増やすことができました。現在、毎週約40人が集会しています。嬉しい限りです。

炭火理論とブレンディング

最近よく「この4年間で福岡召会はどのようにして仲間を4倍にも増やしたのか?」と聞かれます。それは「炭火理論」と「ブレンディング」のおかげだと思っています。

ブレンディングはさまざまな人々と、さまざまな局面において交流することです。お花見も、いちご狩りも、牡蠣小屋での食事会も、先進的な工場の見学も大切なブレンディングです。海外召会訪問ブレンディングもあり、去年は台湾の高雄を訪問しました。ブレンディングは100の病を癒し、100の道を開き、繁栄をもたらすものであり、召会が前進する命脈です。

炭火理論は、常に、そしていつまでも気持ちを熱く持ち続けなければならないという教えだと思います。火鉢の中の炭火は燃えていなければなりません。本炭は集めて積み重ねなければ燃え続けることができず、「冷めて生ぬるく、実を結ばない、死の状態」という難局に陥ります。ブレンディングによって炭火を燃え続けさせれば、暖を取る多くの人を引き寄せることができるのです。ブレンディングの内容は「神の愛、主の言葉、いのちの供給、喜びの満足」だと思っています。

ブレンディングの一環として訪れた
日産自動車九州工場

福岡召会福音開展

福岡召会でバプテスマされた時里英昭氏と最近福岡召会の集会に回復された藤勝徳氏は、お二人とも57歳の壮年年代です。クリスチャンの間では男性を「兄弟」、女性を「姉妹」と呼び合いますが、時里兄弟は金融機関の2つの支店の支店長であり、藤兄弟は福岡県庁勤務を終え、今は外郭団体で仕事をしています。

時里兄弟はバプテスマして1カ月が経ち、2週間に1回家を開放してくださって、7、8名の聖徒を招いて一緒に聖書を読んでいます。また、彼は全家族の名前リストを作成して、私たちが「とりなし」できるようにしてくださいました。「とりなし」というのは仲介者として神と人間との間をとりもつことです。ほかの人のために神に祈ることです。それだけでなく、彼の3つの畑から、自家栽培しているあらゆる野菜を集会所に持ってきては兄弟姉妹にプレゼントしてくれています。彼はすでに私たちと仲良くなり、召会生活に溶け込んで非常に喜んでいます。毎日どこにいても詩歌を歌っているそうです。

藤兄弟は長い間集会を休んでいましたが、最近、姉妹と一緒に祈って主を主観的に経験し、回復されました。ある日、彼はオフィスでチェックすべき資料を紛失してしまい、どんなに探しても見つからないため、上司に報告して処分を受ける予定でした。この時、姉妹に一緒に祈ろうと言われて祈ったところ、不思議なことに重要な書類が見つかったそうです。祈りによって心が落ち着き、冷静さを取り戻せたせいかも知れません。この主日（日曜日）の福音集会で藤兄弟は皆の前で喜んでこのことを証言してくださいました。

私は、今毎朝7時から10分間携帯電話のＬＩＮＥを通して時里兄弟、藤兄弟、そして糸島在住30年の広瀬兄弟の4人で、ともに神に祈ることを習慣にしています。3人が近い将来、召会を支える柱となることを願っています。

戎さんと私①　時里英昭

戎さんと知り合ってまだ日は浅いですが、今は兄弟と呼び合い、人生で最良の兄貴ができたような気がします。それぐらい衝撃的な出会いであり、私を惹きつけた魅力と素晴らしい人格の持ち主です。お会いして4回目には台湾に行き、バプテスマを受けてクリスチャンになった自分がいました。これはもちろん主のお導きがあったことは間違いないのですが、それ以上に戎さんに人を惹きつける魅力があり、身近にいる最大で最高の人生の模範であると思っています。これは偶然ではなく、必然の出会いと思い、主に感謝しています。そして戎さんに少しでも近づきたいと思っています。今度退官して九州を離れられると聞き、今後台湾と日本（九州）の関係が少し薄れるのではないかと心配しています。

時里英昭氏

藤勝徳氏

戎さんと私② 藤 勝徳

戎さんの強さは信仰から来ているのだと思います。戎さんからはクリスチャンとしての生活の処し方を優しく教えていただいています。あの風貌と優しさで言われたら素直になれるのが不思議です。今は戎さんと知り合って良いことばかりが起きているような気がしますが、この状態が変化し、苦しみに変わる時が来るのが怖いような気もします。戎さんが福岡から居なくなったらどうなるのか心配です。

若い人たちの婚姻の紹介

聖書に「婚姻の紹介をすることは若者の霊的幸福を思うことであり、各召会の長老として、しなくてはならない責任である」と書かれています。その言葉に従い、私は福岡着任以来4組の若者を紹介し、4組すべてが結婚に至ることができました。

以下に、平成29（2017）年10月に結婚された李銘義さんと橋野美貴さんへの挨拶の一部を紹介します。

平成27年年末から、私と家内はお2人の結婚のために、1年以上の時間をかけて祈り、そして霊の感覚にしたがい仲人としていろいろとお手伝いをしてきました。

2人の交際には李兄弟よりもむしろ橋野姉妹の方が積極的で、その姿勢が素晴らしいと感じていました。主がお2人の出会いを導き、今日の結婚に至らせて下さったことに感謝し、賛美します。

『聖書』の創世記にあるように、僕《しもべ》がイザクとリベカの間に立ち入り、聖霊の導きにより、2人が結びつき結婚に至ったように、聖書によって僕が聖霊を表徴していますので、本当は聖霊（三一の神）が真の仲人です。創世記第24章によると、イザクとリベカの結婚は単に彼ら自身の人生のためではありませんでした。最終的に神の定められた御旨《みむね》を完成したのです。僕は、環境における主の導きと主権を尋ね求めることによって、主の御心を知りました。わ

李銘義さんと橋野美貴さん（前列中央の二人）の結婚式。後列は左から藤勝徳、松崎清英、広瀬好幸、時里英昭

たしたちも自分の環境の中に神の主権を見ることができます。李銘義兄弟と橋野美貴姉妹お二人の出会いは何も偶然ではありませんでした。あらゆることは世の基が置かれる前に定められて、アブラハムの僕《しもべ》、神に信頼した人を通して遂行されました。

この結婚は国際結婚なので、お互いの文化、考え方が大いに異なります。このために二人は互いの異なる文化を受け入れるダイバーシティ（国籍・文化・性別・年齢の違いの多様性）な家庭を築く必要があります。このダイバーシティの経験は、実は日本が直面している人口減少による社会問題の解決に欠かせない経験でもあります。人口減少問題を解決するために、日本の政府はさまざまな政策を考えていますが、これから日本の社会はダイバーシティを受け入れ、推進するダイバーシティ社会に対応していかなければなりません。グローバルにビジネスを展開している会社は、すでにダイバーシティを重要なこととしてとらえ、推進しています。ダイバーシティは家族・会社・社会に大きな祝福をもたらすことができます。しかしながら、それを実行するのは極めて困難です。

ダイバーシティ社会はまた、変化に対応することが苦手な日本の文化の欠点を補う可能性を持つ一方、誤解と衝突に基づくさまざまな問題を増加させる可能性を持っています。これは、結婚生活においても全く同じです。国際結婚の生活の秘訣は次の三つがあると思います。「神の愛」、「十字架の適用」、「霊の中で満たされること」です。

神の愛

「神の愛」について聖書は次のようにいっています。「愛は辛抱強く、親切でねたみません。愛は誇ることがなく思い上がることもありません。それは無作法をしません。また、自分の利益を求めません。それはいらだちません。また人の悪を数えたてません」（Ｉコリント13章4～5節）。神の愛は「知識を超越したキリストの愛」（エペソ3章19節）であり、極めて力強く上記の素晴らしいさまざまな美徳を与えることができます。この「神の愛」の中で、私たちは互いに「違い」を受け入れ合い、互いに愛し合い、共存することができます。

聖書はもう1カ所、このダイバーシティについて次のようにいっています。「あなたがたは新しい人を着たのです。その新しい人は、それを創造された方のかたちにしたがって、全き知識へと至るように新しくされつつあるのです。その新しい人には、ギリシャ人とユダヤ人、割礼と無割礼、未開人、スクテヤ人、奴隷、自由人はあり得ません。キリストがすべてであり、すべての中におられるのです」（コロサイ3章10～11節）。ここの「新しい人」とは教会のことをいっています。教会の中には、肌の色・人種・性別・年齢・社会的地位の区別はありません。神の愛の中で互いに愛し合い、互いに調整されて一つの家族、一人の新しい人になります。

さらに聖書は「神は体を調和させられました（God has blended body together）」（Ⅰコリント12章24節）といっています。ここで言う「調和させられ（has blended）」は「ダイバーシティ」です。20世紀の後半になって、ビジネスがグローバル化し、ダイバーシティの重要性が言われるようになる前に、聖書はダイバーシティ、すなわちブレンディング（blending）の重要性を語っているのです。ブレンディングを行うことは素晴らしいことであり、李銘義兄弟と橋野美貴姉妹の度量を広げ、弱さを補い、急激な変化への対応力を養います。また、彼らに調和と平和をもたらし、神を喜ばせるのです。

十字架の適用

キリストの十字架の適用は結婚生活の秘訣です。「こうしてモーセはイスラエルの人々を紅海から出立《しゅったつ》させ、彼らはシェルの荒野へと出て行った。そして彼らは三日間、荒野を歩いたが水を見出さなかった。彼らがメラに来た時、メラの水は苦くて飲むことができなかった。それでその名はメラと呼ばれた。民はモーセに対してつぶやいて言った。『私たちは何を飲んだら良いのですか？』そこでモーセがエホバに叫ぶとエホバは彼に一本の木を示された。彼がそれを水の中に投げ入れると水は甘くなった……わたしはエジプト人に下したような疾病を何一つあなたの上に下さない。わたしはあなたをいやすエホバだからである」（出エジプト記15章22－26節）。

ここで「メラ」は「苦み」を意味します。メラの苦い水は、神の民（イスラエルの人々）が遭遇した苦い環境を表徴します。苦い水をいやした木は、キリストの十字架、すなわち、いやす十字架を表徴します。モーセが木のビジョンを見て、木を苦い水の中に投げ入れたように、わたしたちは十字架に釘付けられたキリストのビジョンを見て、キリストの十字架をわたしたちの苦い状況に適用する必要があります。復活の領域の中でキリストの死（自己を否む）を経験することは、私たちの苦い状況を甘くします。神は苦い環境の中で私たちの十字架の経験を用いて、わたしたちをテストし暴露されます。

エホバは私たちのいやし主です。

エホバが私たちのいやし主であったという事実は、イスラエルの子たちが病んでいたことを示します。これは、わたしたちの環境の水が時には苦いだけでなく、私たち自身も苦く（すなわち病気で）いやしが必要であることを表徴します。私たちがキリストの十字架を経験し十字架に釘付けられた生活をする時、キリストの復活の命は私たちのいやす力となり、主は私たちのいやし主となられます。

私たちは結婚生活を真剣にまじめに営まなければなりません。しかも十字架は結婚生活の苦い水を甘くするキーポイント（要素）であることを認識しなければなりません。私たちの多くが十字架についてのメッセージを聞いたのに、十字架に釘付けられた命を真に生きている人は私たちの間でごくわずかです。例えば、私たちは結婚生活において十字架に釘付けられた命を生きていないかもしれません。もし結婚した兄弟と妻が互いに議論するなら、これは彼らが十字架につけられた命を生きていないことを示します。十字架に釘付けられた命を生きている人は攻撃されたり非難されたりする時、自己弁護しません。彼らは十字架の死を通してアダムの命と旧創造との終結を経験し、十字架を通して解き放たれた、神の豊富と彼の神聖な要素を享受します。

霊の中で満たされること

エペソ5章17~25節でいわれていることですが、「……酒に酔ってはいけません。そこに放蕩があるからです。むしろ霊の中で満たされ……」(17節)。そして、21節は「キリストを畏《おそ》れつつ互いに服従し合いなさい」といってから、22節で「妻たちは、主に服従するように自分自身の夫に服従しなさい」と、25節は「夫たちは、キリストが召会を愛して彼女のためにご自身を捨てられたように、あなたがたの妻を愛しなさい」といっています。ここの数カ所を聖書で見れば、妻と夫との関係は、霊の中で満たされることと結びつけられます。私たちは霊の中で満たされて初めて、正常な結婚生活を持つことができます。結婚生活で妻の義務は服従することであり、夫の義務は愛することです。妻の服従と夫の愛の両方とも、それを実行する力の源は「霊の中で満たされる」ことですので、これから2人は結婚生活に入りますが、毎日互いに「霊の中で満たされること」を訓練しようではありませんか。

戎義俊略年譜

1953年3月
台北市の東門小学校教員宿舎に誕生
1969年4月
花蓮高等学校に入学
1970年4月
台北市延平高等学校へ転校
1972年9月
私立輔仁大学に入学
1976年3月
私立輔仁大学日本語学科を卒業
1978年4月
兵役から退く（退役）

1979年9月
税関国家試験に合格、台湾財政部税関官員
1983年10月
外交官試験に合格
1983年11月
慶應義塾大学日本語・日本文化教育センターに入学
1985年10月
外交部亜東関係協会秘書官
1990年1月
亜東関係協会東京事務所　三等秘書官
1995年8月
外交部アジア太平洋局　一等秘書官

1997年10月
亜東関係協会資料組組長に就任
1998年10月
総統・副総統の日本語通訳に抜擢
1999年10月
外交部専門委員（十職等簡任官）に就任
2001年1月
台北駐日経済文化代表處　総務部次長に就任
2004年4月
台北駐日経済文化代表處　領事部部長に就任
2007年4月
私立平成国際大学法学部修士号を取得

2008年1月
外交部へ転勤（アジア太平洋局と条約局に配属）
2010年1月
総統府国家安全会議（NSC）主任研究員
2012年3月
台北駐日経済文化代表處　顧問
2013年4月
台北駐福岡経済文化辦事處處長（総領事）に就任
2018年6月
「日本精神——日台を結ぶ目に見えない絆」出版

戎義俊　講演およびインタビュー一覧

日　付	タイトルなど
２０１３年	
5月10日	最新の台湾政治、経済状況及び日台関係
6月14日	日台関係と経済交流の現状
7月31日	なぜ台湾は世界一の親日国家になったか
10月4日	２０１３年中華民國国慶節祝賀レセプション挨拶
12月9日	日台友好山口県議会議員連盟にての卓話
２０１４年	
1月23日	国税局間税会連合会女性部研修会にての講演
2月10日	台湾の日本精神から見た日台関係
7月17日	美祢市於福中学校での講演
9月	台湾の近代化のインフラ整備のため犠牲になった日本人たち
9月	台湾人の日本精神に関して
9月30日	九州と台湾の強固な信頼関係
10月7日	２０１４年中華民國国慶節及び台北國立故宮博物院特別展祝賀レセプション挨拶
10月	10月7日から九国博で故宮特別展　～国宝級「肉形石」など１１０点のコレクション～ （福岡経済インタビュー）
10月	故宮博物院展を契機に、台九関係の飛躍的発展を（財界九州インタビュー）

10月11日　台湾に遺された日本文化
11月24日　「故宮展」機に交流加速を（産経新聞インタビュー）
11月26日　九州と台湾の強固な信頼関係　～故宮はなぜ九博にやってきたか～

2015年

2月　台北駐福岡辦事處長着任2年の感想
2月16日　八田與一と日本精神
3月　映画「KANO」から見た日台の絆
4月12日　日本人が台湾に残した武士道精神
10月9日　2015年中華民國国慶節祝賀レセプション挨拶
11月　革命の孫文と人情の九州

2016年

1月20日　台湾人が尊敬する日本精神
1月23日　暗黙知と日本精神
1月29日　台湾総統選挙結果と日台関係について
2月　台湾と九州の絆
2月23日　日本はアジアのリーダー　～新政権下、交流拡大を期待～（産経新聞インタビュー）
3月30日　日台経済貿易交流の現状
5月19日　九州と台湾の強固な信頼関係及び日台経済貿易交流の現状
5月26日　日台交流の現状について
8月25日　台湾の歴史教育と日台関係

10月	台湾総統・副総統の日本語通訳体験談
11月22日	新版・九州と台湾の強固な信頼関係
5月20日	第14代総統・副総統就任祝賀パーティー挨拶
10月6日	2016年中華民國国慶節祝賀レセプション挨拶
2017年	
1月21日	蔡英文新政権をめぐる日台関係
5月1日	RKBラジオ放送（FM）のインタビュー
5月	志賀哲太郎と台湾
6月5日	西日本新聞のインタビュー
9月28日	台湾の日本語族と湾生との固い絆
10月6日	2017年中華民國国慶節祝賀レセプション挨拶
10月13日	新版・九州と台湾の強固な信頼関係と日台経済貿易交流の現状
11月27日	日本精神——日台を結ぶ目に見えない絆
2018年	
1月20日	明治維新150年と台湾
2月25日	日本精神から見た志賀哲太郎と台湾
4月6日	台湾と九州の交流深化に大きな成果（福岡経済インタビュー）
4月11日	西日本アカデミー航空専門学校、平成30年度入学式式辞
6月10日	台湾慰霊訪問団特集に寄せて
6月25日	台湾との観光交流を考える

台湾史略年表

西暦（年）	出来事
1554	ポルトガル船が台湾の近くを航行し、この島を「フォルモサ（麗しき島）」と名付ける
1593	豊臣秀吉が台湾（高山国）に入貢させようと原田孫七郎を使者として派遣したが、実現せず
1609	徳川家康が有馬晴信に命じて台湾を攻撃。原住民を捕虜として連れ帰る
1624	8月、オランダの東インド会社が台南周辺を占領
1626	スペインが台湾北岸を占領。基隆にサン・サルバドル城を築く
1627	オランダがキリスト教布教を本格化する
1628	7月、浜田弥兵衛とオランダ長官・ヌイスとが講和を結ぶ（浜田弥兵衛事件）
1642	オランダが台湾北岸からスペインを追放
1653	プロビンシア城（現・赤嵌楼）完成
1661	12月、鄭成功がゼーランディア城を攻めオランダを撃退。最初の漢人政権を打ち立てる
1662	5月、鄭成功死去（39歳）。アモイにいた長男の鄭経が後継者に
1683	鄭氏政権が清朝に降伏。清朝による台湾統治がはじまる
1856	淡水、基隆、安平、打狗（現在の高雄）を開港、宣教師のキリスト教布教を許可
1871	宮古島の漁民66人が台湾に漂着、54人が先住民に殺害される（牡丹社事件）

1874	5月、日本の台湾出兵（征台の役）。以後、清朝は台湾積極開発政策をとる
1884	10月、清仏戦争が勃発。台湾北部がフランス軍に攻撃され、清朝側は福建省から切り離して台湾省を創設（初代巡撫は劉銘伝）
1887	劉銘伝が基隆－台北間に鉄道を敷設
1894	7月、日清戦争がはじまる
1895	4月、日清戦争後の下関条約で、台湾および澎湖諸島が清朝から日本に割譲される
	日本の台湾統治が始まり樺山資紀が初代総督に就く
	5月、台湾割譲に反対する住民がアジア初の共和国ともされる台湾民主国を宣言。
	西郷菊次郎が基隆支庁長に就く（1897年には宜蘭庁長官に）
	6月、日本軍が基隆、台北、淡水と北部の主要拠点を制圧。台湾総督府が始政式典を挙行する
1896	1月、抗日ゲリラの襲撃で6人の日本人教師が惨殺される（芝山巌学堂事件）
	原敬が台湾事務局に同化と非同化の「台湾問題二案」を提出。同化政策を主張
1897	台湾住民の国籍選択最終期限
1898	3月、第4代台湾総督・児玉源太郎が民政長官・後藤新平を伴って着任
	9月、後藤新平、土地調査事業に着手
	10月、志賀哲太郎、大甲公学校の代用教員に採用される。（渡台は1896年12月）
1899	9月、「株式会社台湾銀行」の営業開始
	新渡戸稲造、アメリカで「武士道」を出版
1900	台南－高雄間に鉄道開通
	12月、三井財閥による台湾製糖株式会社が設立される

1901	2月、新渡戸稲造、台湾総督府に奉職。11月には「糖業意見書」を提出
1901	総督府が水利事業の整備のため「台湾公共埤圳規則」を公布
	11月、地方制度変更。台湾全土に20の庁を設ける
1902	6月、新渡戸稲造、臨時台湾糖務局長に就任
1903	後藤新平、「戸籍調査令」を発令、これにもとづき本格的な人口調査を行った
1905	土地調査事業が終了
1906	後藤新平、任を終え台湾を離れる
1908	台湾縦貫鉄道（基隆－高雄）が完成
1910	台湾の人口調査。310万人
	末永仁、嘉義農場の技手となる
1911	2月、阿里山鉄道開通
1912	3月、磯永吉、台湾総督府農事試験場に技手として奉職
1914	2月、末永仁の論文が一等賞を取ったことをきっかけに、磯永吉と末永仁が出会う
1915	8月、漢人住民の最後の大規模抗日武装反乱・西来庵事件（タパニー事件）が勃発
1918	総督府の本庁舎が完成
	7月、明石元二郎が第7代台湾総督に就任。在任中、台湾電力を設立し水力発電事業を推進。
	台湾教育令を発令。嘉南大圳の建設を承認。
1920	烏山頭ダム着工（嘉南大圳の重要な水利工事の一つ）
1921	1月、林献堂らが台湾議会設置運動を始め、10月に台湾文化協会発足。林献堂が会長に就任
1923	鳥居信平、地下堰堤「二峰圳ダム」を完成させる

1924	磯永吉と末永仁がジャポニカ米「台中65號（蓬莱米のルーツ）」の育種に成功、台湾が米の供給基地となる道を拓く
1924	12月、志賀哲太郎、生徒の処分をめぐる学校の方針と合わず教職の道を絶たれ入水自殺。死後「大甲の聖人（神）」として地元の人々に祀られる。
1925	5月、治安維持法が台湾でも施行される
1927	台湾文化協会が分裂。台湾民衆党が結成される
1928	4月、7番目の帝国大学として台北帝国大学設立
1929	12月、松木幹一郎が台湾電力社長に就任
1930	高木波恵先生が台中の烏日公学校（国民小学校）に奉職
	3月、烏山頭ダム完成。5月に「嘉南大圳」の通水式が行われる
	10月、台湾山間部の霧社で先住民の蜂起事件が起きる（霧社事件）
1931	8月、嘉義農林学校（KANO）が甲子園で準優勝
1934	6月、台湾電力、日月潭発電所竣工
1935	新竹・台中地震
	日月潭第二発電所の建設開始
	10月、台湾始政四〇周年記念大博覧会を開催
1937	皇民化運動実施
1938	5月、国家総動員法を台湾においても施行
1940	台湾人の日本名使用を進める「改姓名運動」を展開
1942	高砂義勇隊の募集がはじまる

1942	5月、八田與一が乗船した船が五島列島付近で米潜水艦に撃沈され死亡（享年56歳）
1943	台湾において正式に義務教育が実施され、児童の就学率が92・5パーセントとなる
1944	9月、徴兵制度が実施。同時に台湾住民にも衆議院の選挙権が認められる
1945	8月、日本が連合軍に敗れ、第二次世界大戦が終わる 9月、台湾省行政長官公署の設立（長官は陳儀） 9月、八田與一の妻・外代樹が烏山頭ダムの放水口に投身して自殺 10月、台北公会堂（現・台北中山堂）で中国戦区台湾地区降伏式。台湾総督府廃止
1946	4月、日本人の引き上げ完了 6月、国共内戦の再発 12月、中華民国憲法制定
1947	2月、二・二八事件が起きる 4月、陳儀行政長官を罷免。長官公署を廃止し、台湾省政府を設置
1948	4月、反乱平定時期臨時条款の制定 5月、蔣介石が第一期総統に就任
1949	国民党政府、中国本土より撤退し、政府を台北に移す。台湾に戒厳令をしく 10月1日、中国共産党が中華人民共和国の建国を宣言
1951	アメリカの台湾援助（美援）が本格化する
1952	4月、日華平和条約の調印
1954	12月、米華相互防衛条約の調印
1958	8月、金門島砲戦

1971	在米留学生を中心に保釣運動（1972年の沖縄返還をきっかけとして尖閣諸島の領有権を主張する運動）が盛り上がる 10月、国連で国民党政府が「中国」の代表権を喪失。同時に国連から脱退
1972	蔣経国、行政院長に就任。9月、日華平和条約が終了、日本と断交
1973	十大建設開始。「奇跡」いわれた経済成長が続く
1975	4月、蔣介石総統死去。厳家淦が総統、蔣経国が国民党主席に就任
1978	5月、蔣経国が総統に就任
1979	1月、アメリカと断交 4月、アメリカが台湾関係法を制定 12月、高雄で起きた民主化を目指すデモ隊と警官隊との衝突（美麗島事件）
1984	10月、台湾の特務機関が在米台湾人作家を殺害（江南事件）
1986	9月、台湾初の野党・民主進歩党が結成される
1987	7月、戒厳令解除 11月、中国大陸への親族訪問を解禁
1988	1月、蔣経国総統が急死。副総統だった李登輝が総統に昇格（初の台湾出身者の総統）
1989	4月、外省人二世の独立運動家・鄭南容が焼身自殺
1990	3月、一層の民主化を求める野百合学生運動
1991	3月、対中交渉窓口の海峡交流基金会を設立 5月、動員勧乱時期臨時約款を廃止。中国との戦争状態終結を宣言
1993	4月、第一次辜汪会談

1995	中国・江沢民主席が台湾政策8項目を提案。それに対して李登輝総統が6項目を提案
1996	3月、台湾で初の総統選挙。李登輝が過半数の得票率で当選
1998	上海で台湾と中国の窓口交流機関代表同士が会談
1999	7月、李登輝総統が中台関係を「特殊な国と国の関係」と表現
	9月21日、マグニチュード7・3の台湾大地震が発生。死者2千人以上
2000	3月、総統選挙で陳水扁（民進党）が当選。国民党が初めて野党となる
2001	1月、金門経由の小三通（通商・通航・通郵）を実施
2002	台湾が世界貿易機関（WTO）に加盟
2004	2月、250万人が手をつないで台湾に向けて配備した中国のミサイルに抗議
	3月、陳水扁が総統に再選される
2005	3月、中国が反国家分裂法を制定
2007	1月、台湾新幹線開業
2008	3月、総統選挙で馬英九が当選。国民党が政権を奪還
	5月、蔡英文が民進党主席に就任（民進党初の女性党首）
	7月、中台直行便の就航。大陸観光の解禁
	11月、野いちご学生運動
2010	台湾と中国で両岸経済協力枠組協議（ECFA）を締結。馬英九の中国傾斜に批判の声
2011	3月、東日本大震災に台湾から235億円の義援金が送られる
	12月、熊本県大津高校の最初の台湾修学旅行が実現。白濱裕校長が「たかが修学旅行、されど修学旅行」の名言を残す

２０１２	1月、馬英九が総統に再選される
２０１４	3月、ひまわり学生運動 6月、東京国立博物館。10月、九州国立博物館で「台北国立故宮博物院―神品至宝展―」が開催される 11月、統一地方選挙で国民党が惨敗
２０１５	9月、映画「ＫＡＮＯ」の公開をきっかけに、高木波恵先生が台湾の教え子に出した手紙が届き、80年ぶりに師弟の交流が実現 11月、中台トップ会談（馬英九総統－習近平国家主席）
２０１６	1月、総統選挙で民進党の蔡英文が当選。立法院でも民進党が過半数を獲得 2月に起きた台湾南部地震に日本から支援が行われる。同年４月の熊本地震に台湾から支援。日台の相互支援がより親密になる 5月、蔡英文総統が就任
２０１６	九州から台湾への高校生の修学旅行が40校、７０００人に達す（全国では２６２校４万１８１８人）
２０１７	10月、九州大学で「台湾研究講座」スタート 日台の人的往来６００万人時代へ（台湾から日本へ４５６万人、日本から台湾へ１９０万人）
２０１８	花蓮大地震に安倍首相の「台湾加油」のビデオメッセージが流され、日台の絆がますます深まる

野嶋剛著『台湾とは何か』（筑摩書房）
まどか出版編『日本人、台湾を拓く』（まどか出版）を参考に作成

主要参考文献一覧

司馬遼太郎『台湾紀行』（街道をゆく40）朝日新聞社、1997年
蔡焜燦『台湾人と日本精神――日本人よ胸を張りなさい』日本教文社、2000年
片倉佳史『台湾に生きている「日本」』祥伝社、2009年
坂野潤治・大野健一著『明治維新　1858‐1881』講談社、2010年
日下公人『「超先進国」日本が世界を導く』PHP研究所、2012年
まどか出版編『日本人、台湾を拓く。――許文龍と胸像の物語』まどか出版、2013年
緒方秀樹『台湾の礎を築いた日本人たち』ユナイテッドツアーズ、2013年
李登輝『新・台湾の主張』PHP研究所、2015年
野嶋剛『台湾とは何か』筑摩書房、2016年
「志賀哲太郎顕彰会会誌　第二号」志賀哲太郎顕彰会、2017年

あとがき

平成25（２０１３）年4月1日に台北駐福岡経済文化辦事處處長（福岡・台湾領事館総領事）に着任して以来5年、振り返れば大きな出来事が沢山ありました。台湾本国では政権が国民党から民進党に移り、蔡英文総統が誕生しました。イギリスのＥＵ離脱、アメリカのトランプ大統領誕生、フランスの大統領選挙、韓国の大統領交代など、世界も激しく揺れ動きました。日本では東日本大震災に次いで平成28年熊本地震が発生し、台湾から九州に来ている観光客、留学生、在留台湾人の救助、支援に何日も奔走しました。

今、日台の関係は非常に良好で、台湾は世界一の親日国だと言われています。それを裏打ちする二つの数字があります。

一つは、平成23年3月11日の東北大震災に際して台湾から寄せられた２５０億円の義援金です。この金額は、もちろん世界一です。世界中に地震や水害などがある度に台湾は多くの義援金を提供してきましたが、日本への義援金は群を抜いています。しかも、そのほとんどが市民が自発的に持ち寄ったものであることに大きな意味があります。当時の馬英九総統と総統夫人も大震災の翌日から募金活動の先頭に立ちました。

もう一つの数字は、平成29年に台湾から日本へ来た観光客が456万人に達したことです。絶対数では中国、韓国に次ぐものですが、台湾の人口2300万人の実に5人に1人が日本へ来たことになり、人口比では断然トップです。私が着任した5年前の来日観光客数は350万人でしたが、そこから毎年、30万人ずつ増えています。さまざまな調査でも台湾人が海外旅行で一番行きたい国は日本です。

こんなに大勢の台湾人が日本に来たがるのは、美しい景色や美味しい食べ物ものを求める物見遊山だけではないと思います。本書のあちこちで申し上げた「日本精神《ジップンチエンシン》」が台湾人の家庭で親から子へ、子から孫へと伝えられた結果、第2の故郷を訪ねて心を癒したいという潜在的な気持ちがあるのだと思います。

日本精神は、近代台湾を作った日本人の考えや行動が台湾の人々の琴線に触れることによって根付いたものですが、逆に、今これらの精神が日本国内で忘れられかけていることに寂しさを覚えざるを得ません。日本の若い人には、ぜひ新渡戸稲造の著書『Bushido, The

ます。

Soul of Japan：武士道』を読み、現代史を繙《ひもと》いて、日本を再認識してもらいたいと思ってい

本文中のいくつかのパートでも触れましたが、今後、日本と台湾の新しい関係をつくりだすと期待している3つのことについて述べたいと思います。

その第1は、平成26年秋に開催された九州国立博物館での特別展「台北國立故宮博物院――神品至宝」をきっかけに、台湾と九州とのつながりが再認識されはじめたことです。双方の厚い信頼関係によって実現したこの催しには、25万7000人が来場し、九州と台湾の経済・文化・芸術・映画・音楽・ガラス工芸などについて表に現れていなかった交流が発掘され、新しい関係が生まれるようになりました。

第2は青少年の交流の定着、拡大です。「日本精神」の第1ランナーを務めた「日本語族」や「湾生」がともに高齢となり、交流の希薄化が危惧されるなか、次を託すべく進めてきた高校生の修学旅行が盛り上がりを見せ始めました。総領事に就任以来、私は福岡と大分で計3回の台湾修学旅行セミナーを主催し、九州一円の高校にこの意義を説いてきましたが、お陰様で平成26年12校1200人、平成27年19校2200人、平成28年30校5000人と順調

に増え続け、平成29年は40校7000人に達しました。平成30年1月の最新データ（2016年度分）によれば、台湾への修学旅行は全国で262校4万1818人で、校数、人数ともにアメリカ（ハワイ、グアム、サイパンを含む）を抜いて第1位であると発表され、若い世代の交流が着実に進んでいることを実感しています。

台北駐福岡経済文化辦事處

第3は、九州大学における「台湾研究講座」が昨年の10月10日からスタートしたことです。台湾の教育部（文部科学省に相当）が力を入れて支援をしますが、この講座が西日本における台湾研究の拠点として、必ずや日台の歴史や文化の相互理解を深め、日本人の台湾に対する思考停止の軛《くびき》を解いてくれるものと期待しています。

総領事としての5年間は思ったことの何分の1しかできなかったかも知れませんが、日台関係に新しい種をまき、芽が出かかるところまで来たことは、ひとえに九州・山口の皆様のおかげであると感謝しております。本当にありがとうございました。

本書執筆中の平成30年2月6日に台湾東部の花蓮を中心とする地域でマグニチュード6・4の大規模な地震が発生しました。これに対して安倍晋三首相は「台湾加油」の言葉を毛筆で書く映像とともに「日本は台湾とともにあり、できる限りの支援を行う」というメッセージを発信しました。

これに対し、蔡英文総統は「まさかの時の友は真の友、困難な時の助け合いは双方の友情と価値観を体現するもの」と感謝の意を示しました。台湾の市民からも「これからも何かことが起きた時は家族として助け合っていきましょう。日本が隣国であってとても良かった」といった反響が寄せられました。

このやり取りに、私は両国に「日本精神」は生きていると感激しました。

最後に本書の出版にあたってお世話になった野藤泰昇氏に厚く御礼を申し上げます。

平成30年5月吉日

戎　義俊

戎　義俊（えびす・よしとし）

1953年台湾台北市生まれ。私立輔仁大学日本語学科卒業、慶応義塾大学法学研究所、平成国際大学法学研究所修士課程終了（修士論文「イギリス首相サッチャー夫人の外交政策」）。

1979年から1983年まで台湾財政部税関に勤務。1983年台湾外交部に入省、駐日代表處（大使館）総務部次長、査証部部長を歴任し、1998年から台湾総統・副総統の日本語通訳を務める。2009年から2011年まで総統府国家安全会議主任研究員として「台日投資協定」締結を支えた。2012年駐日代表處顧問（参事官）に就任、その後2013年４月から台北駐福岡経済文化辦事處長（総領事）として、台日の友好関係発展に尽力している。

日本精神《にっぽんせいしん》——日台《につたい》を結《むす》ぶ目《め》に見《み》えない絆《きずな》

■

2018年6月10日　第1刷発行

2018年7月17日　第2刷発行

■

著　者　戎　義俊

発行者　杉本雅子

発行所　有限会社海鳥社

〒812-0023　福岡市博多区奈良屋町13番4号

電話092(272)0120　FAX092(272)0121

http://www.kaichosha-f.co.jp

印刷・製本　有限会社九州コンピュータ印刷

［定価は表紙カバーに表示］

ISBN978-4-86656-029-8